LITERATURA PARA EL JARDÍN DE NIÑOS

**NORMA ELENA GAMBOA CASTRO
Y CECILIA EUGENIA AUDIRAC SOBERÓN**

LITERATURA PARA EL JARDÍN DE NIÑOS (CARTONÉ)
POR NORMA E. GAMBOA CASTRO Y CECILIA E. AUDIRAC SOBERÓN
PRIMERA EDICIÓN, OCTUBRE 1995

Derechos reservados conforme a la ley por: © 1995 FERNÁNDEZ editores, s.a. de c.v.
Eje 1 Pte. México Coyoacan 321, Col. Xoco. Delegación Benito Juárez. 03330 México, D. F.
(MÉXICO). Miembro No. 85 de la Cámara Nacional de la Industria Editorial Mexicana.
Se terminó de imprimir esta obra el día 10 de octubre de 1995 en los talleres del editor.
3 Th – – ISBN 968-416-858-6

IMPRESO EN MÉXICO – PRINTED IN MEXICO

**FERNÁNDEZ
editores**

PRÓLOGO

Durante el tiempo en que hicimos los estudios de nuestra carrera para profesoras de educación preescolar, vivimos la escasez bibliográfica de literatura infantil. Recordamos que la biblioteca de la Escuela Nacional de Educadoras contaba con unos cuantos libros para más de trescientas alumnas que, en 1979, estudiábamos allí. Había libros con rimas, arrullos, cuentos, cantos, fábulas, leyendas, adivinanzas y juegos —digitales, rondas, etc.—, libros que ya no se encuentran a la venta en ninguna librería porque son ediciones muy antiguas y de corto tiraje.

Así pues, consideramos necesaria la existencia de una bibliografía adecuada para uso de las personas que comparten momentos con los niños, y la mejor manera es ofrecerles una variada literatura infantil.

El interés que nos mueve para realizar esta recopilación es el trabajo diario en el Jardín de Niños, en el cual nos hemos podido dar cuenta de la amplitud de objetivos hacia los que se puede encauzar cada una de las actividades de la jornada escolar.

Es por ello que ahora —pensando como profesoras en servicio y recordando lo que vivimos cuando estudiantes— queremos brindar a las futuras educadoras este apoyo didáctico, resultante de más de cinco años de recopilación. En él presentamos la literatura infantil que conocimos por transmisión cultural y, por desgracia, no sabemos quiénes fueron los autores, ya que llegó a nosotras cuando éramos alumnas del Jardín de Niños. A esas personas que dieron momentos de su vida a la creación de obras dedicadas a la niñez: gracias, siempre les reconoceremos su labor.

Además, entre lo aquí presentado, está la producción que tiene autores conocidos. A ellos —finados algunos y con nosotros los demás—, agradecemos su dedicación a la infancia y lo mucho que nos legaron.

Es difícil retener en la memoria estos materiales, dada su enorme cantidad, o crearlos según el tema o aspecto de la personalidad que se desee desarrollar en el aula, pero por experiencia propia hemos llegado a conocer las ventajas de la adaptación de estas obras, según las circunstancias del momento. Hasta ahora hemos tenido éxito.

En ocasiones es necesario contar con una obra ya impresa que ofrezca variaciones apropiadas al nivel de madurez del niño y, de no ser así, la educadora debe adecuarla para alcanzar más fácilmente los objetivos propuestos, para que los pequeños aprendan de manera divertida y se vayan familiarizando con la literatura.

Pensamos que los padres y profesores enseñan a sus hijos y alumnos el amor a los libros, pero es importante analizarlos antes y observar si no se trata de asuntos y mensajes que puedan afectarlos emocionalmente. Esta recopilación tiene un contenido cuidadosamente seleccionado a fin de evitar esa posibilidad.

Para finalizar, los objetivos de este trabajo se pueden resumir en tres:

- Reconocer la labor de las educadoras y personas que, en una forma u otra, aman a los niños: en el aula o en la creación de este material didáctico; por ello, no nos gustaría pasar por alto ningún nombre, pero debido a que esta literatura es, en algunos casos, anónima o de autor ignorado por nosotras, o de autor reconocido, sólo nos queda darles el crédito a estos últimos y agradecer a todos su labor en la única forma posible: procurando que su obra perdure.

- Proporcionar a las educadoras en servicio, y a las futuras profesoras, un material útil como medio didáctico en el aula, para que los niños a ellas encomendados conozcan un buen número de obras que desarrollen el proceso enseñanza-aprendizaje y les dejen un recuerdo lleno de belleza y mensajes positivos de su estancia en el jardín de párvulos.

- Poner en manos de los familiares de los niños —ya sean padres, tíos, abuelos, etc.— una obra que les brinde la oportunidad de pasar momentos muy agradables en el hogar, jugando con sus pequeñuelos, a la vez que contribuyen a su educación con la enseñanza natural de nuevas palabras y actuaciones.

Esperamos que esta recopilación sea de utilidad y ayude a abrir el camino para incrementar futuras vocaciones y el amor a nuestros niños.

Las Autoras

INTRODUCCIÓN

El Jardín de Niños es una institución educativa que encamina sus pasos hacia el desenvolvimiento del niño en edad preescolar; su función diaria propicia aprendizajes motivados por intereses y necesidades que son naturales en el educando.

A través de los años, se ha comprobado que las actividades artísticas en el niño —además de despertar su creatividad, imaginación y sentido estético, sensibilizándolo desde temprana edad— pueden facilitarle alcanzar infinidad de nuevos conocimientos, manejando estas expresiones no sólo como apoyos didácticos, sino como base para generar y desarrollar otros valiosos aprendizajes, acordes con el medio ambiente que lo rodea.

Se han combinado la música y la literatura a fin de crear composiciones basadas en características de la vida infantil, estableciéndose esta clasificación:

La literatura infantil es una parte de la literatura general que presenta en forma breve, clara y sencilla, temas divertidos con gran contenido didáctico; un mensaje que ayuda a los niños a desarrollarse en muchos aspectos de su vida. Amplía su visión y la del hombre con el esclarecimiento de imágenes, que le ayudan en sus relaciones interpersonales.

Desde la cuna, la madre arrulla a su hijo cantando una mezcla armoniosa de poemas con melodías suaves y agradables al oído. Estos cantos han prevalecido en el tiempo y han sido manejados en todos los ambientes socio-económicos y culturales.

En el parvulario, el infante aprende a entonar cantos sobre todo lo que va descubriendo ante sus ojos e, incluso, logra crear los propios imprimiéndoles toques de su personalidad. Su ansia de constante movimiento hace que éstos se acompañen con expresiones mímicas y onomatopéyicas con el fin de hacer más real y comprensible el conocimiento, dando un apoyo valioso a la integración de su esquema corporal y un verdadero reto a su inteligencia, cuando es él mismo quien los crea, y con ello manifiesta un pleno desenvolvimiento físico y mental.

El niño, por medio de las experiencias que tiene, va formando sus aprendizajes. Sus procesos mentales paulatinamente se van desenvolviendo, fijando y relacionando entre sí.

- La memoria y la atención constituyen un valioso lazo de unión entre lo que se adquiere y quien lo adquiere; las adivinanzas, por lo tanto, buscan estimular el razonamiento del niño, a fin de encontrar la respuesta, poniendo en juego sus habilidades mentales, además de aportar un gran caudal de nuevas palabras cuya interpretación tendrá mayor claridad, fluidez y entonación cuando las emplee. Por ello, Luz María Serradel dijo: *Una adivinanza significa un rasgo de ingenio que crea, un esfuerzo mental que descubre, y un rato de solaz que estimula.*

- Las rondas constituyen un rasgo característico del jardín de infantes, creándose en el alumno preescolar desde la noción de ubicación espacial y el conocimiento de tradiciones, hasta el enlace de sentimientos de amistad y compañerismo.

- El juego es la aptitud innata que continúa y prevalece desde que el hombre es niño; por él descubre, organiza y se apropia del mundo. La educadora, conocedora de la importancia de la capacidad de juego que tiene en el niño, aprovecha esta fuente inagotable encauzándola hacia nuevos conocimientos, adaptación al medio físico y social, expresión oral, y muchas otras cosas.

- Froebel definió la unión entre el juego y el parvulario en su apotegma *Trabajar jugando, jugando a trabajar*, para forjar el carácter, la personalidad y el trabajo, y al mismo tiempo modelar el espíritu.

- La rima es una forma literaria del género lírico. Son pequeños versos y frases con terminaciones semejantes que el niño puede repetir, y de esta manera entra en contacto con el mundo, los hábitos, los héroes, los oficios, etcétera.

- Los juegos digitales son pequeñas rimas que van acompañadas del movimiento de cada uno de los dedos, ya que cada uno de éstos es un personaje del cual se hace mención en los versos.

- El cuento es una narración corta con personajes generalmente ficticios, que está relatada por una persona ajena a la historia.

- La leyenda es un relato que puede tener personajes ficticios o verdaderos, y en torno a un hecho real surgen las fantasías.

- La fábula es un tipo de historia que trata de la vida y hazañas de personajes irreales: animales que piensan y hablan como humanos, genios, hadas, dioses y semidioses de la antigüedad, etc., que da una lección de moral oculta entre líneas y una enseñanza o moraleja para concluir.

Algunos de los cuentos que incluimos aquí han sido elaborados especialmente para preescolares por educadoras mexicanas y otros son de origen extranjero, con la característica común de presentar valores que deben inculcarse en las personas desde pequeñas.

En lo que respecta a la leyenda y la fábula no consideramos que sean muy aptas para preescolares, por lo complejo que en ocasiones se presenta el mensaje contenido en ellas.

Los objetivos de todas las formas de literatura infantil son:

- Favorecer el desarrollo integral del niño.
- Fortalecer la memoria.
- Ejercitar el manejo del lenguaje.
- Enriquecer el vocabulario.
- Precisar el orden del pensamiento.
- Cultivar valores sociales, culturales, estéticos y morales.
- Conocer el mundo que nos rodea.

En México, muchos pedagogos, educadoras y especialistas en la materia han logrado creaciones y adaptaciones musicales y literarias basadas en las características y los intereses propios del niño mexicano; sin embargo, hay aún una amplia gama de recursos que falta explorar. Es necesario, pues, crear nuevas formas de expresión artística en el campo infantil.

En esta recopilación se reunió literatura infantil en sus formas de: arrullos, juegos digitales, rimas, cantos, rondas, adivinanzas, juegos, cuentos, leyendas y fábulas.

Quizá sea poco lo aquí escrito, pero es mucho lo que queremos ofrecer a la niñez mexicana. Esperamos que la literatura infantil siga transmitiéndose de generación en generación y que los niños conozcan lo que tantos autores, cariñosamente, les han dedicado.

Contenido

Pág.

Arrullos 9

Juegos digitales 15

Rimas 25

Rondas 51

Canciones 57

Adivinanzas 79

Otros juegos 95

Cuentos, fábulas y leyendas 103

Arrullos

Arrullo 1)
Canción de cuna
Arrullo 2)
El arrullo del lago
Luna, luna
Duerme
Arrorró
Arrullo a la muñeca
Todos duermen ya
Duérmete, niñito
Al atardecer
Arrullo 3)
Una cuna de luz
Este niño lindo
Junto a la cuna
Dormir, dormir
Arrullo 4)
A dormir va la rosa
Edelweiss
En el árbol

Arrullo 1)

Arestín de plata, torre de marfil,
arrullen al niño que se va a dormir.
Este niño lindo que nació de día,
quiere que lo lleven a comer sandía.
Este niño lindo que nació de noche,
quiere que lo lleven a pasear en coche.

Canción de cuna

¡Duérmete bien, mi niño!,
duérmete, mi encanto,
que hace mucho frío
y la noche asoma
con su pardo manto.

Duerme tu paloma,
duerme tu gatito,
duerme tu muñeca,
duerme el pajarito.
¡Duerme, muchachito!

Si estás callado
te contaré el cuento
del lago encantado
y del pez contento.
¡Chist!, que sopla el viento.

Todo está en reposo;
sólo tú no duermes;
duerme, precioso,
no quiero que enfermes.

Arrullo 2)

Señora Santa Ana, ¿por qué llora el niño?
Por una manzana que se le ha perdido.
Si llora por una, yo le daré dos;
que vaya por ellas a San Juan de Dios.

Si llora por dos, yo le daré tres;
que vaya por ellas hasta San Andrés.
Si llora por tres, yo le daré cuatro;
que vaya por ellas hasta Guanajuato.

Si llora por cuatro, yo le daré cinco;
que vaya por ellas hasta Tenancingo.
Si llora por cinco, yo le daré seis;
que vaya por ellas hasta La Merced.

Si llora por seis, yo le daré siete;
que vaya por ellas hasta San Vicente.
Si llora por siete, yo le daré ocho;
que vaya por ellas hasta San Antonio.

Si llora por ocho, yo le daré nueve,
que vaya por ellas hasta Santa Irene.
Si llora por nueve, yo le daré diez;
que vaya por ellas hasta Santa Inés.

La Virgen lavaba, San José tendía,
y el niño lloraba de hambre que tenía.
A la ru, ru, ru, ru...

El arrullo del lago

Ven, gotita de lluvia,
yo te puedo dormir,
el rumor de mis ondas
va a cantar para ti.

En mis aguas tranquilas
blando lecho tendrás,
y a la luz de la luna
tú de planta serás.

Ven gotita, ven acá,
muy tranquila duerme ya.

Margarita Salinas

Arrorró

Arrorró, mi niño,
arrorró, mi sol,
arrorró, pedazo
de mi corazón.

Arrorró, mi niño,
que te canto yo;
arrorró, mi niño,
que ya se acabó.

Luna, luna

Luna, luna,
dame una tuna,
porque la que me diste ayer
se me cayó a la laguna.

Luna, luna,
dame otro queso,
porque el que me diste ayer
se me atoró en el pescuezo.

Arrullo a la muñeca

Mi niña querida,
mi silenciosa niña,
tan quieta y risueña
es la mejor de las niñas.

Mi niña querida,
mi compañera y amiga,
la quiero y la cuido
y vive mi misma vida.

Bertha von Glumer

Duerme

Duerme, cariño mío,
junto a mi corazón;
cierra ya tus ojitos,
duérmete sin temor.

Sueña con angelitos
parecidos a ti,
te arrullarán mis cantos,
duérmete junto a mí.

Luz Ma. Serradel

Todos duermen ya

En su nido, el pajarito
hace rato duerme ya,
y mi nene muy querido
en su cuna dormirá.
Ru, ru, ru...

Los pollitos amarillos
bajo el ala de mamá,
se han dormido; yo la oí
cuando los llamaba así:
Clo, clo, clo...

Las palomas mensajeras
duermen en su palomar,
se dijeron buenas noches,
a dormir y a descansar.
Cu, cu, cu...

Duérmete, niñito

Duérmete, niñito,
duérmete solito,
que cuando despiertes
te daré atolito.

Duérmete, mi vida,
duérmete, mi cielo,
que la noche es fría
y habrá nieve y hielo.

Duérmete, bien mío,
duerme sin cuidado
que cuando despiertes
te daré un centavo.

Al atardecer

El sol ya se fue a acostar al mar;
ya brilla clara la luna,
y estrellitas, una a una,
veo en el cielo cultivar.

Yo sé que hay escondido un nido
al pie de esta ventana.
Gorjean bebés en la mañana,
y ahora... ya se han dormido.

Y hace un momento que oí de ahí
brotar canción melodiosa,
de una madre cariñosa
la presencia comprendí.

El travieso becerrito,
que esperaba a su mamá,
se ha dormido junto a ella
en su cama, en el corral.
Mu, mu, mu...

En el campo los corderos
duermen junto a su mamá,
y la luna desde el cielo
al pasar los mirará.
Sch, sch, sch...

Bertha von Glumer

12

Arrullo 3)

Son las estrellitas
ojitos con sueño,
que brillan de noche
en el alto cielo.

Su mamá, la luna,
les canta y arrulla,
como yo a mi niño
que tengo en la cuna.

Duérmete, mi nene,
duérmete, mi bien,
sueña con estrellas
y ángeles también.

A la rurru, rurru,
rurru, rurru, ru,
sueña con estrellas
y ángeles también.

Luz Ma. Serradel

Una cuna de luz

Duerme, niñito,
que en lo alto del cielo
la luna parece
una cuna de luz.

Y son las almohadas
las nubes ligeras,
y son lamparitas
las lindas estrellas.

Duerme, niñito,
ru, ru, ru,
sueña tranquilo
en tu cuna de luz,
y cuando despiertes,
niñito querido,
vuelve a mis brazos
que son blandos nidos.

Este niño lindo

Este niño lindo
que nació de noche
quiere que lo lleven
a pasear en coche.

Este niño lindo
que nació de día
quiere que lo lleven
a la sacristía.

A la rorro, rorro,
duérmete ya,
porque viene el coco
y te comerá.

A la rurru, rurru,
patitas de burro,
a la rerro, rerro,
patitas de perro.

A la rorro, rorro,
a la rorro ya,
duérmete, niñito,
duérmete ya.

Y en tus ojitos
claros y risueños,
veré cultivar
dos lindos luceros.

Duerme, niñito,
ru, ru, ru,
sueña tranquilo
en tu cuna de luz.

Junto a la cuna

Duerme, avecita, en tu blando nido,
duerme sonriente en la rama...
en tu capullo. ¡Oh gusanito!,
sueña con el mañana.

Sueña con cantos, brisas y luz,
y con alas color tornasol,
con suave soplo del viento azul
que trae dicha y calor.

Duérmete, niñito, en tu blanda cuna,
duerme seguro y en paz...
sueña, no temas cosa alguna,
mamá te cuidará.

Duermen las aves, los granos, las flores,
la oruga también duerme ya;
sueñan que el invierno ha pasado
y han de despertar.

Dormir, dormir

Dormir, dormir,
que cantan los gallos
de San Agustín.

Que la Virgen cucureca
pasó por aquí,
vendiendo tamales
de San Marroquí.

Arrullo 4)

Este niño lindo que se va a dormir,
tiéndanle su cuna en el toronjil,
las mariposas lo abanicarán
y todas sus flores lo van a arrullar.
Duérmete, niñito, duérmete, mi amor;
duérmete, mi encanto de mi corazón.

Rosaura Zapata

A dormir va la rosa

A dormir va la rosa
de los rosales,
a dormir va mi niño
porque ya es tarde.

Edelweiss

Duerme ya, dulce bien,
que tu sueño quiero velar.
Duerme ya, sueña pues,
duerme y no temas nada.

Y la noche estrellada,
con su velo de luz,
nos dará suave paz.
Duerme y no temas nada.

En el árbol

Por la tarde un pajarito
a su nido regresó,
el viento meció aquel nido
y al pajarito durmió.

Duerme, duerme, pajarito,
yo tu nido meceré,
y zumbando entre las hojas
gozoso te arrullaré.

En su nido el pajarito
bien dormido se quedó,
las ramas ya no se mueven,
el viento ya se alejó.

Sch, sch, sch...

Juegos digitales

La iglesita
Cajita de musica
La alcancía
Maneras de andar
Conejitos
El paseo del nene
Duendecitos
Cinco pollitos
La familia 1)
Pon, pon tata
Tengo manita
Este niño chiquito
En ejercicio
Firmes
Todos bien empleados
Presentación
¿Quiénes son?
Marranitos
Una familia
Una cartita para mamá

Arrullo
La familia 2)
Deditos sonrosados...
Dan las ocho
El ratoncito roía
El sube y baja
La familia 3)
Así
Cuéntame diez
Estos cinco
Los juguetes del nene querido
Doña araña
Manitas
Dos pájaros negros
La florecita sedienta
Siempre ocupados
Pececitos
Una taza de té
Una linda pasajera
Amables ranitas

La iglesita

Ésta es la iglesita
con su campanario.
Dentro hay mucha gente
rezando el rosario.
Ya se abre la puerta,
ya sale la gente
que rezó en la iglesia
muy devotamente.

Maneras de andar

La persona ocupada
anda de prisa,
a veces corren
los que van a misa;
los ancianos
caminan lentamente
y los niños ligera
y gentilmente.

Cajita de música

Pieza muy bonita
toca mi cajita:
la, la, la.
Prenda delicada,
me fue regalada
por mi buen papá:
la, la, la.
Unas "Mañanitas"
con esta cajita
yo le voy a dar.

Conejitos

Unos conejitos salen de su nido
saltando sin ruido. De pronto dice éste:
—Hermanos, veo un bulto.
Éste: —¡Ay, me muero del susto!
Y éste gruñe: —¡Ay! ¿Qué nos puede hacer?
Y éste sólo dice: —Coger y comer.
Guau, guau, guau, ladra el listo perro.
Y los cinco hermanitos corren a su agujero.

La alcancía

Tuve una alcancía
que me dio mi tía,
y todas las noches
en ella ponía
cinco centavos,
o más, si tenía.
Era muy bonita
aquella alcancía,
con mucha frecuencia
yo la sacudía

para oír el dinero
que adentro tenía.
Pasó mucho tiempo
y por fin un día,
cuando estuvo llena,
rompí mi alcancía.
¡Cuántos centavitos y
quintos tenía!
Guardé diez pesos
de aquella alcancía.

El paseo del nene

Un nene fue a pasearse
y cuando llegó al campo
vio en un claro arroyito
pececitos nadando.
También, dentro del agua,
la rueda de un molino
y un puente de madera
que da al prado vecino.
Él vio a las florecitas
que esmaltaban el campo
y vio a las mariposas
como flores volando.
También él vio un conejo
comiéndose una col,
y cuando hubo acabado
ligero se escondió.
Pero en el campanario
sonaba la oración:
Don, don, don...
y el nene lentamente
a casa regresó.

Cinco pollitos

Cinco pollitos
tiene mi tía:
uno le canta,
otro le pía
y tres le tocan
la chirimía.

La familia 1)

Muy temprano, mamacita
el desayuno prepara;
en tanto que papacito
con agua clara se lava.
El hermano y la hermanita
muy de prisa se levantan.
Sólo el nene chiquito
en su cunita descansa.

Laura Murrieta

Duendecitos

Corre y corre, calladitos,
se deslizan por la mesa
diez activos duendecitos,
¡qué alegría, qué ligereza!,
qué bien saben entender,
obedecen con presteza,
es su gusto obedecer.
Duendecitos, a formarse:
una fila y a correr.
Duendecitos, detenerse:
mayor e índice, marchar;
paso alemán, alinearse,
paso corto, galopar,
y ahora, mis duendecitos,
como siempre calladitos
vayan todos a jugar.

Firmes

Cinco soldaditos
formados en hileras,
tres muy bien plantados
y dos de esta manera.
¡Firmes!, manda el cabo,
y... ¡oh!, qué bien formados
quedaron los soldados.

Pon, pon, tata

Pon, pon, tata,
mediecito pa' la papa;
pon, pon, tía
mediecito pa' sandía;
pon, pon, pon,
mediecito pa' jabón
y me lavan mi camisón.

Tengo manita

Tengo manita,
tengo y no tengo,
porque la tengo
desconchabadita.

Este niño chiquito

Este niño chiquito
y bonito
compró un huevito,
éste lo quebró,
éste lo batió,
éste lo echó al comal,
y este perro sinvergüenza
se lo comió.

Todos bien empleados

1 es dedito que apunta al sol,
2 los cuernos del caracol,
3 son las patas del banco fuerte,
4 árboles rodeando una fuente
5 ratones muy asustados o
5 soldados muy bien formados,
6 pollos comen ajonjolí,
7 sopas flotan en mi plato,
8 son patas de araña ligera,
9 abejitas hacen miel y *zzz* y cera,
y 10 palomitas que de un solo vuelo
bajan del tejado hasta el limpio suelo.

En ejercicio

Hacen ejercicio
los deditos cinco.
Gusto de mirarlos
ensayar un brinco.
Se doblan e inclinan
lenta, lentamente,
y a la voz de ¡arriba!,
brincan de repente.

Presentación

Mi mamá, todo cariño *(pulgar)*;
mi papá, todo bondad *(índice)*;
nuestro encanto, el dulce niño *(meñique)*;
mi hermanito alto y formal *(mayor)*;
y yo, en la casa, aliño *(anular)*;
vivimos en nuestro hogar *(mano cerrada)*.

¿Quiénes son?

Éste es el gordito,
su fuerza es mucha;
éste es el curioso
que dice, ¡escucha!;
éste es el mayor,
lleva un sombrero,
y éste, el pequeño,
baila ligero...
y éste, el huraño,
nunca saluda
si un hermanito
no presta ayuda.

Una familia

Mamacita dulce y buena
que a sus niños besos da,
papacito serio y fuerte
que de todos se hace amar.
El hermano mayorcito
va a la escuela a estudiar
y la hermana con su rorro
juega y canta la, la, la...
El pequeño es un nenito;
corre, juega, viene y va...
he nombrado a mi familia,
que en mi mano habitará.

Marranitos

Este marranito se fue a la plaza,
éste se quedó en la casa,
éste comió ensalada,
éste no comió nada
y éste lloró gui, gui, gui...
hasta que llegó su nana.

19

Una cartita para mamá

Escribiremos hoy una cosa,
en un plieguito color de rosa.
En cada hojita esto verá
mi cariñosa, dulce mamá.
Te quiero mucho, y puse aquí
mi corazón que es para ti.
Las cartas deben ir en un sobre.
Aquí va el timbre y aquí va el nombre.
Y en vez de goma la cerraremos
con un besito que aquí pondremos...
¡viento, te entrego a ti mi cartita,
llévala pronto a mi mamacita!

Arrullo

¡Duérmete pulgar,
duérmete anular!
Duerme tú, mayor,
también tú, apuntador...
ven, mi pequeñito,
duerme sin temor,
nadie te hará ruido,
y suave es mi canción.

Bertha von Glumer

La familia 2)

Nuestra mamacita hace la comida,
nuestro papacito se va a trabajar,
nuestros hermanitos se van a la escuela
y el nene chiquito se queda a jugar.

Deditos sonrosados...

Los deditos sonrosados
de la mano del bebé
han de ser por ti enseñados
para ser sirvientes de él.
Admirables servidores que
interpretan su sentir
e incansables le obedezcan
ayudándole a servir.

Dan las ocho

Pin uno, pin dos,
pin tres, pin cuatro,
pin cinco, pin seis,
pin siete, pin ocho,
dan las ocho
con un palo
retemocho.
Bolillo, telera,
pambazo y afuera.

El ratoncito roía

En su mullida camita
los hermanos se han dormido;
en la mesita, un ratón
roe un dulce y hace ruido.
Pulgar pregunta: ¿Qué fue?
Mayor responde: ¡No sé!
Despierta el pequeño y grita:
¡Mamacita, mamacita!...
Anular, tierno, lo acalla...
y apuntador gruñe: ¡Vaya!
El ratón ya está en su casa,
los niños ya se han dormido,
y en la recámara obscura
no se oye ningún ruido...
Sch, sch, sch, sch.

El sube y baja

Oigan, hermanos, ¿a qué jugamos?
A lo que quieran, a una carrera
o a los gigantes, o a los caminantes
o a la baraja.

Todos: No, ¡al sube y baja!

Y una tablita que se encontraron
sobre una piedra la colocaron.
Y al sube y baja, riendo y cantando,
toda la tarde los vi jugando.

La familia 3)

Mamá y papá, hermano y
hermanita y el nene
aquí están,
tra, la, la, la...
Todos muy contentos
en la casa están,
tra, la, la, la...

Así

Así caen las hojas secas
desprendidas de las ramas.
Así sube la neblina
desde el valle a las montañas...
Así bajan las gotitas
a refrescar los sembrados,
y así vuelan las palomas
a arrullarse en los tejados.
Así, en colgante capullo,
la oruga ya se durmió.
Así, en su cascaroncito,
el polluelo se formó...
Así, dentro de su colmena,
la abeja va a descansar,
y así se duerme el niñito
en brazos de su mamá.

Cuéntame diez

Los perros aquí,
los gatos allá.
Cuéntame diez
y yo me saldré.
1, 2, 3, 4, 5, 6, 7, 8, 9, 10.

Doña araña

Doña araña se fue a pasear,
hizo un hilo y se puso a trepar,
vino el viento y la hizo bailar,
vino la tormenta, la hizo bajar.

Estos cinco

Éste compró un huevito,
éste lo puso a asar,
éste le echó la sal,
éste se lo comió
y éste no comió nada.

Manitas

Abrir, cerrar, abrir, cerrar
las manos al compás.
Cerrar, abrir, cerrar, abrir
las manos hacia atrás.

Sube, sube y sube,
por la pared las vi,
y al llegar a lo alto
dan una palmada así.

Los juguetes del nene querido

Ésta es la pelota del nene querido
y, para que clave, éste es su martillo.
La, la, la, la, la, la...
Éstos son soldados que así formará,
y éstos son platillos que así sonará:
Lala, la, lala, la, la, la...
Ésta es su corneta que hace tu, tu, tu;
de esta manera juega al canto, buuu.
La, la, la, la, la, la, la, la...
Con este paraguas no se mojará,
y ésta es su cunita donde dormirá.
La, la, la, la, la, la...

Bertha von Glumer

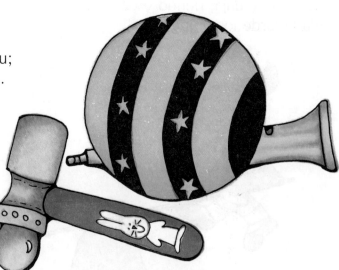

Dos pájaros negros

Dos pájaros negros
posados en la rama.
Éste se llama Juan,
y ésta... Susana.

Pasa el viento, agita
la delgada rama,
y... ¡echa a volar Juan!
y... ¡le sigue Susana!

Se va el viento, y vuelven
a la delgada rama
nuestro buen amigo Juan,
y su hermana Susana.

Conversan muy tranquilos,
mas... ¡viene el gavilán!
y... ¡echa a volar Susana,
y la sigue presto Juan!

Y volando, volando,
volando... se van.

La florecita sedienta

Una florecita tiene mucha sed;
ve, niñita buena, dale de beber.
¡Corre!, llena de agua tu regaderita;
baña cuidadosa a la margarita.
¿Ves como ya extiende su corola bella?
Era un botoncito, y ahora es una estrella.

Siempre ocupados

De esta manera
se ponen de pie
y dicen los dedos:
¿Cómo está usted?

Y de esta manera
los veo palmotear:
la, la, la, la, la, la,
la, la, la, la, la.

Y de esta manera
los oigo chasquear:
la, la, la, la, la, la,
la, la, la, la, la.

Y de esta manera
los veo marchar
marcando el paso:
la, la, la, la, la.

Y de esta manera
los diez dedos van
a tocar el piano
y luego a bailar.

Y de esta manera
los miro construir
casitas, corrales,
y formas mil.

Y de esta manera
saben retirar,
cuidadosamente,
todo el material.

Pececitos

Riquirrirín
y Riquirrirán
son dos pececitos,
viven en el mar...

Son tan parecidos,
que no sé decir
cuál es Riquirrirín,
y cuál es Riquirrirán.

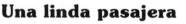

Una linda pasajera

Sobre el agua del arroyo
vi una vez flotar...
            flotar...
una hojita color de oro
que arrancó el viento
            al pasar.
Y una mariposa azul
que allí posó a descansar,
sobre la hoja color de oro
            navegó...
hasta la mar.
¡La, la, la, la, la!

Una taza de té

Un día dijo este niño *(pulgar)*:
—Tengo mucha sed...
Y dijo su hermanito *(índice)*:
—Hermano, yo también.
Y suspiró este niño *(mayor)*:
—¿Quién sabe hacer buen té?
Y declaró este niñito *(anular)*:
—Yo no lo sé hacer.
Y entonces el chiquito (*meñique*):
se puso presto en pie, sonriente,
y dijo a todos.
—¡Yo les enseñaré!
Y todos aprendieron
a hacer muy rico té.
Y todos lo tomaron
como usted va a ver.
—Éste es el plato
y ésta la taza,
la tetera lista está.
—¿Le sirvo a usted un poquito?
—Otro poquito, no más.
—¿Azúcar?, ¿un pastelito?
—Gracias, gracias, rico está.

Amables ranitas

Dos ranitas tengo,
muy lejos están;
se acercan saltando,
van a saludar.
Plop, plop, plop.
—Ranita café,
¿cómo está usted?
—Muy bien, mi vecina,
y usted, ¿está bien?
—¿Los niños contentos?
—Y sin novedad.
—¿Qué dice su enfermo?
—Aliviado ya está.
—Me voy... tengo prisa.
—También me voy yo.
—Adiós, verde rana.
—Adiós, mi vecina.
—¡Adiós!
        —¡Adiós!
            —¡Adiós!

Rimas

El baño del bebé
Gusanito medidor
Mi mamá
Di, borreguito
El gansito feo
Inocencia
Los bomberos
Mi casita
Gotitas de rocío
Despierta
Revista de flores
Azucena silvestre
Gusanito
Lugar de reposo
La respuesta de mamá
Los papalotes
El viento 1)
Llegó primavera
Primavera
Primavera ha llegado
El papalote
Mis amigas
Marzo 1)
El borreguito color café
El borreguito 1)
El frío se va
El abriguito blanco
Óyeme niño
Las abejas 1)
Frío
El frío
El viento 2)
El rehilete
Manitas limpias
Viento trabajador
La golondrina
Un concierto
Golondrina viajera
Un nidito
Una pregunta
Lo que vi
Una sorpresa
Una plantita
Deseo

Al caer la tarde
La mariposa 1)
Marzo 2)
Mariposa
Semillita
Sol
El árbol
El hogar 1)
Las lavanderas
Bomberos
Cosas que vemos
Gotitas de lluvia
La cestita
Día de viento
¿Tú sabes?
Tic-tac, el reloj nos habla
Anunciadoras
En Navidad
El pajarito vuela
Lo que dice el sol
Aeroplanos
Flores del campo
Día de la Raza
El borreguito 2)
Mirasoles
Girasol
A mi bandera
A mi patria
Patria mía
Aviador
Los sembradores
Las abejitas
Las abejas 2)
La cosecha
La espiga
Los heliotropos
El aviador
El burrito 1)
Golondrinas viajeras
Amapolitas
Carita nueva
El carnaval
Los gorriones
Qué blancos

Cuauhtémoc 1)
Lavar y planchar
Las siete
Mis zapatos
El cochinito
Rima
Vamos a Toluca
La vaca
El cerdito
Limpia
Cuauhtémoc 2)
Alfarería
Xochimilco
Como florecitas
Para ti
A la educadora
A remar
El columpio
Mi escuelita
A mamá
Las casitas
Con cuidado
Felicitación
Flor de durazno
El burrito 2)
La mariposa 2)
El gato
El trompo
En mi jardín
El reloj 1)
El hogar 2)
La familia
Abril
La siembra
Marzo llega
Marzo 3)
Mes de abril
El labrador
La yunta
El reloj 2)
Cultiva
Doce haditas
Flores

El baño del bebé

Ésta es la tina blanca y rosada,
jabón, esponja, bandeja y toalla,
para que el nene cada mañana
tome su baño de agua templada.
Le gusta el baño, cuánto salpica
el bebé contento en su tinita.
Cómo le gusta hundir al pato
de celuloide con su manita.
Mamá lo saca y envuelve en toallas
mientras lo mece y canta...
y en un instante queda dormido
riendo aún el bebé lindo.

Mi mamá

Mi mamá es más bella
que todas las rosas.
De sus labios brotan
palabras hermosas.
Mi mamá es más dulce
que la miel de abeja.
Ella me consuela,
ella me aconseja.

Gusanito medidor

Por la mesa, despacito,
va un gusano medidor...
Gusanito,
¿llevas cuenta de lo que
has medido hoy?

Di, borreguito

—Di, borreguito, si tienes lana.
—Sí, buen niñito, yo tengo lana.
Un costalito para mi ama
y otro para el que diga
cómo se llama.

Rosaura Zapata

¿Cuántos pasos has contado
al subir del piso a aquí?
¿Has medido bien mi silla
y el vallado del jardín?
Mide bien esta mesita,
gusanito medidor,
los pasitos que tú des,
los iré contando yo.

El gansito feo

Al gansito feo
le di de comer
pan mojado en leche
con rico café;
y para que aprenda
prontito a leer
le di una sopita
de letras con miel.
El gansito feo
sabe obedecer,
toma la sopita
como Rosa Inés.

Inocencia

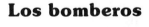

Por partir una manzana
un dedito me corté,
y abuelita me ha curado
con un beso y un pastel.
Muy temprano, esta mañana
a la abuela desperté,
mostrándole que ha sanado
el dedo que me corté.

Los bomberos

Somos los bomberos,
vamos a apagar
todos los incendios.
¡Yo soy un bombero!
¡Yo soy oficial!
Somos los bomberos
de esta gran ciudad.
¡Yo soy el sargento!
¡Y yo el capitán!
Todos los incendios
vamos a apagar.

Mi casita

Mi casita es blanca y chiquita
con muchas enredaderas,
y tiene una ventanita
para mirar las estrellas.
Su frente es baja y tranquila
de azulejos y colores,
y la reja es amarilla
siempre cubierta de flores.
Es muy linda mi casita
siempre blanca, inmaculada;
por mi buena mamacita
está muy bien arreglada.

Gotitas de rocío

Diamantitos prendidos
en el jardín;
diamantitos muy finos
veo relucir...
Diamantes de rocío,
gotitas bellas,
que callados bajaron
de las estrellas.
Tiemblan en el cáliz
de las violetas
y se llenan de aroma
de las mosquetas...
Son joyas que la noche
le dejó al día,
la mañana las besa
con alegría.

Despierta

El sol me dice:
—Muy buenos días.
Despierta, niño, que ya llegué.
Soy muy alegre, vine corriendo
y a levantarte, ya te gané.
Y yo le digo:
—Con tu llegada todo se alegra,
querido sol,
el pajarito canta en la rama
y yo mi canto también te doy.

Revista de flores

¡Florecitas primorosas
de este encantado jardín!,
si comprenden lo que digo,
¡vengan corriendo hasta aquí!
¿Está aquí una florecita
redondita como el sol,
con su túnica amarilla
que tempranito estrenó?
¿Y una estrellita gentil
que nació en el mes de abril?
¿Y la espléndida, encarnada
flor, orgullo del jardín?
¿Despertó el que es gorrito
de las hadas en el prado?
¿Y la modesta y escondida
de traje color morado?
¿Llegó la flor soñolienta
que amable saluda así?
¿Y la dulce mensajera
de recuerdos para mí?

Azucena silvestre

La azucena silvestre
recién abierta,
florecita de mayo,
color de rosa,
irguiéndose en su tallo
gentil, curiosa,
hoy viene a saludarte.
Y muy dichosa
se mece con la brisa
de la primavera
y esparce los aromas
de la pradera.
Deseo que ella te diga,
a su manera,
lo que no sé decirte
yo todavía,
¡lo mucho que te quiero,
señora mía!
¡Que sature tu vida
del color y aroma
que le dio el cielo;
que en este día de mayo
no tengas pena, mamacita,
es de tu hijo todo el anhelo!

Gusanito

—¿Qué tienes aquí?
—Un gusanito
—¿Con qué lo mantienes?
—Con pan y quesito
—¿Con qué le das agua?
—Con un botecito
—¿Lo mataremos?
—¡Ay, no!, pobrecito.

Lugar de reposo

En este nidito
vive un pajarito,
pío, pío, pío.
La abeja se abriga
en este panal,
z, z, z, z.
El vivo conejo
se esconde en su agujero,
y yo en mi camita
me voy a dormir.

La respuesta de mamá

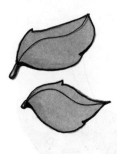

Hijito muy querido:
Hace rato el viento en su carrera
me entregó tu mensaje de cariño:
una cartita en que pusiste tu corazón de niño.
Yo busqué una blanca paloma
que generosa y veloz ha de llevarte
mi tierna bendición,
en tanto puedo, hijo mío, abrazarte.

Los papalotes

Los papalotes se elevan,
muy lejos van a viajar,
el viento alegre de marzo
con fuerza los lleva ya.

Sara Landgrave

El viento 1)

Uuuuu, uuuu, uuuuu,
el viento se oye silbar,
jugando con las hojitas
siempre se le ve pasar.
Y muy suave va diciendo:
—Mes de marzo, aquí está ya,
muy pronto las semillitas
su cabeza asomarán.

Angelina Cortés

Llegó primavera

Hoy en mi jardín
sembré una rosa,
y vino a besarla
una mariposa.

Constantina Arrieta

Primavera

La alondra canta en su nido
arrullando a su bebé,
y en el jardín los rosales
comienzan a florecer.
Todo de azul se ha llenado,
todo parece crecer.
La primavera ha llegado
en su tibio amanecer.

Aurora Rivera

Primavera ha llegado

¿No ves cómo los pajaritos
ya empiezan a cantar
y cómo sus niditos
ya quieren fabricar?
Una linda mariposa
les ha venido a contar
que primavera ha llegado
y alegres deben estar.

Esperanza Avilés

30

El papalote

Con popotes y papel
un papalote armaré,
y cuando el viento ya sople
muy alto lo llevaré.

Bertha Lavín

Mis amigas

Estoy deseando
que marzo llegue,
que mis amigas
sólo así vuelven.
Sus lindos nidos
vacíos dejaron;
y no platican
sobre el tejado.
Mis golondrinas...
¡cómo las quiero!,
¡con qué cariño
yo las espero!

Cleotilde González

El borreguito color café

En el ranchito de don Andrés
vi un borreguito color café.
—Buen borreguito: dame tu lana
y un borreguito tendré mañana.

Julia Prado

El borreguito

Los blancos borreguitos
su lana me darán,
y un lindo suetercito
mamá me tejerá.

Bertha Lavín

Marzo 1)

Ya las golondrinas llegan,
el viento empieza a soplar
y los campos reverdecen.
¡Vamos todos a jugar!
Las flores sobre sus tallos
la cabeza inclinan ya,
el viento alegre de marzo
bellos cuentos les dirá.
Mes de marzo primoroso
que nos trae la primavera,
tú siempre llegas gozoso,
a vestir nuestra arboleda.

Sara Landgrave

El frío se va

En marzo el frío se va...
y nos viene a alegrar
con perfumes, cantos y colores,
mariposas, pájaros y flores.

Virginia Calvo

31

El abriguito blanco

Con lana limpia y cardada
muchos hilos torceré,
y un abrigo blanco y suave
en seguida tejeré.

Salomé Suárez

Las abejas 1)

Oye a las abejas
zumbando en el jardín,
cogeremos una que zumbe
para ti:
zum, zum, zum...
ya te puedes ir.

Rosaura Zapata
P.L.G. Padilla

Óyeme, niño

No persigas ansioso
las mariposas
que se mecen volando
sobre las rosas.
Déjalas, niño,
acercarse a tu frente
a jugar contigo.
Nunca tires flechazos
a los niditos
donde quietos reposan
los pajaritos.
Deja que duerman y
que en paz
los papás vayan y vengan.
No hagas que se fatiguen,
necio o imprudente,
los rojos pececillos
de nuestra fuente.
Deja que vivan tranquilos
y en el agua nadando sigan.
¿Por qué jugar matando
como las brujas?

Frío

Qué frío se siente,
¿por qué será?
Porque el invierno
aquí está ya.
Trae mucho frío,
la cruel helada
y el viento canta
triste balada.
Huuuu, huuuuu,
qué triste y fría
es la canción
que el niño canta
en la estación.

Ma. Luisa Murrieta

El frío

Qué frío hace,
¿no lo sientes?
Te haré un suéter
muy caliente.
Del estambre que guardé
ese suéter tejeré.
Ya está listo.
¿Te ha gustado?
Ya estarás muy abrigado.

Ma. Luisa Murrieta

Manitas limpias

Mis manitas limpias
se ven muy bonitas,
son blancas palomas
que quieren volar.
Y cuando están sucias
son flores marchitas;
que me da vergüenza:
las voy a lavar.

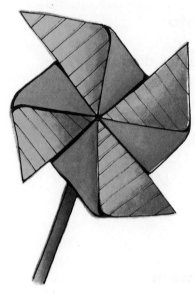

El viento 2)

Dime, viento que pasas,
¿no vas a descansar?
Tú soplas todos los días
y juegas sin cesar.
—No, mi niñito lindo,
no puedo descansar,
me gusta mucho el juego
y también trabajar.

Salomé Suárez

Viento trabajador

El viento es trabajador.
Soplando, soplando va,
ayudando al sembrador
y cantando así al pasar:
uuu, uuu, uuu.
En los campos y praderas
el viento es muy juguetón
hace bailar las hojitas
al trino de su canción:
uuu, uuu, uuu.

Carolina Baúr

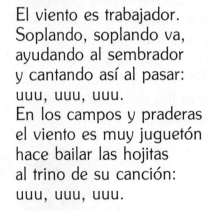

El rehilete

Un bonito rehilete
con cuidado doblaré,
y cuando esté terminado
con el viento jugaré.

Bertha Lavín

La golondrina

Gustosa nos platica,
la bella golondrina,
de todos los lugares
que ella visitó.
Chirriando en el alero
mil cosas va a contar
de todo lo que viera
cuando ella iba volando.

Carmen O. de Rdz.

Golondrina viajera

Yo soy aquel pajarito
que de lodo hace su nido,
que muy lejos se va
cuando llega el frío temido.
Mas al llegar la primavera
vuelvo mi nido a buscar,
que yo nunca lo he olvidado
aunque lejos fui a viajar.

Margarita Guzmán

Un concierto

Cinco hérmosos pajaritos
nos vinieron a alegrar,
y sus trinos primorosos
comenzaron a entonar.
Primero cantó el cenzontle
que iba de oscuro color,
después, el colibrí inquieto

Un nidito

En las ramas del manzano
un nidito vi,
de pequeños gorrioncitos
que piaban así:
pi, pi, pi, pi...

Paulina Villalpando

de plumaje tornasol.
Amarillo y pequeñito
el canario nos cantó,
y la dulce golondrina
su canción luego entonó.
El gorrión alegre y listo
puso fin a esta reunión,
con alegre melodía
que todo el mundo aplaudió.

Carmen Ruiz O.

Una pregunta

—¿Pudieras tú contestarme
el porqué las golondrinas
no hacen su nido en las ramas
cual las demás avecillas?
—Es que ellas lo hacen con lodo
que van pegando en las vigas,
si en las ramas lo pusieran
de seguro se caería.

Virginia Calvo

Lo que vi

Entre las ramas
de un alto pino
vi dos gorriones
hacer su nido.
Mientras con lodo
en el alero
las golondrinas
su nido hicieron.

Constantina Arrieta

Una plantita

Plantita sin hojas,
te voy a podar
y nuevos retoños
te van a brotar.
Después, muy contenta
te vas a sentir,
con nuevas hojitas
te veré lucir.

Balbina Nápoles

Una sorpresa

En la tierra preparada
viene afanoso a sembrar
una linda semillita
que luego ha de despertar.
Será una linda gladiola
que muy pronto crecerá,
un alhelí perfumado,
una rosa...
¿qué será?

Paulina Villalpando

Deseo

Quisiera ser mariposa
y en las flores volar.
Quisiera ser golondrina
y todo el cielo cruzar.
Quisiera ser abejita
y fabricar cera y miel.
Quisiera ser arroyito
y por el campo correr.

Al caer la tarde

Al caer la tarde,
dos pajaritos
hacia su nido
vuelven ansiosos.
Allí alimentan a sus hijitos
que luego arrullan
muy amorosos.

Remedios Ramírez

35

La mariposa 1)

Acabo de ver pasar
una linda mariposa
que me parece vi entrar
al corazón de una rosa.
¿Qué estará haciendo?
Estará libando miel.
Me asomaré y te diré:
Es una hadita durmiendo.

Semillita

En mi macetita
yo voy a sembrar
esta semillita
que me dio mamá.
Con mucho cuidado
la voy a regar
y flores muy bellas
después me dará.

Marzo 2)

De todas las ramitas
salen nuevas hojitas,
de todos los nidos
pequeños pajaritos.
Todas las cosas nuevas
que estamos mirando
hoy nos dicen
muy contentas
que marzo ha llegado.

Sol

¡Qué hermosa mañana
tan llena de sol!
Los rayos dorados
nos dan su calor.
Hagamos la ronda
cantándole al sol.
Que nunca nos falte
su luz y calor.

Mariposa

Tengo aquí guardadita
una mariposa de colores,
voló a las margaritas,
a las rosas
y a todas las flores.
Y cuando hubo libado
la rica miel de las flores,
volvió a su tibia casita
más hermosa en colores.

El árbol

Mi papá me platica
que los árboles nos dan madera,
fruta, sombra y flores para adornar;
que ellos son riqueza de nuestro país
y aquél que plante un árbol
debe sentirse feliz.

Cleotilde González

El hogar 1)

Qué contento vivo
en mi dulce hogar,
con mis hermanitos,
con papá y mamá.
Todo ahí es cariño,
todo ahí es amor,
y la dicha reina
en el corazón.

Laura Domínguez

Cosas que vemos

La arañita es muy ligera
porque tiene muchos pies,
por su rápida carrera,
¡muy notable es!
La, la, la, la...
Y el buen caracolito
que tan sólo tiene un pie,
porque avanza despacito,
¡muy notable es!
La, la, la, la...

Gotitas de lluvia

Cuando hace mucho calor
y las flores tienen sed
cae la lluvia de las nubes
para darles de beber.
Las gotitas de agua clara
caen, salpican, cantan, corren,
pero en esto sale el sol
y las gotitas se esconden.

Bomberos

Los bravos bomberos
son hombres valientes
que apagan el fuego
y salvan a la gente.
Su arrojo y valor
son bien conocidos,
son hombres de honor,
por todos queridos.
Yo admiro
a esos hombres,
y cuando sea grande
los podré imitar.

Las lavanderas

Les propongo que juguemos
a ser buenas lavanderas,
lavaremos la ropa
de nuestras muñecas.
—Yo lavaré los vestidos.
—Y yo la ropa interior.
—Sí, sí, que toda está sucia,
necesita agua y jabón.
—Ahora que Trini la planche,
que es la que plancha mejor.

37

Día de viento

Las hojitas, en el viento
ríen y bailan de contento,
y los árboles se inclinan,
y susurran y suspiran...
Rueda y rueda, muy ligero,
calle abajo va un sombrero.
Los niñitos van corriendo
y jugando con el viento...
En la rama temblorosa
suelta sus hojas la rosa;
la ropa al viento tendida,
reciamente es saludada;
en el cielo blancas nubes
bogan por mares azules...
La veleta allá en la torre
y en el palacio la bandera
majestuosa se despliega.
Travieso, activo, contento,
pasa nuestro amigo el viento.

La cestita

En cestita de bejucos
que hemos hecho para ti,
te ofrecemos las más bellas
frescas flores del jardín.
Cada una es un mensaje
de cariño y alegría,
mamacita (*papacito*),
son mensajes de tus hijos
en tu día.

¿Tú sabes?

¿Cómo es el vuelo de las mariposas?
—Así, así, así.
¿Cómo saludan las frescas rosas?
—Así, así, así.
Y, ¿cómo corren las mansas olas?
—Así, así, así.

Tic-tac, el reloj nos habla

Tic-tac, tic-tac, tic-tac.
Sin correr, sin atrasar,
siempre fiel y siempre igual,
el reloj que marca el tiempo
nos repite en su tic-tac:
"Los minutos van pasando
para no volver jamás."
Tic-tac, tic-tac, tic-tac.
No regaña, nunca engaña;
es un amigo verdadero
que nos dice en su tic-tac:
"Mi niñito, sé puntual,
a la hora señalada
a tu escuela has de llegar."
Tic-tac, tic-tac, tic-tac.
"Hay un tiempo para todo:
de jugar, de trabajar,
de correr, de descansar.
Mi niñito, sé puntual,
¡sé puntual!, ¡sé puntual!
Para todo lo que hagas
¡sé puntual!, ¡sé puntual!"
Tic-tac, tic-tac, tic-tac.

Anunciadoras

PRIMAVERA
Ayer vi dos golondrinas,
son señal de la nueva estación,
nos dicen que primavera ya llegó
y que el frío acabó.

OTOÑO
En otoño la golondrina
se aleja buscando calor,
y al llegar la primavera,
vuelve al nido que aquí construyó.

En Navidad

Hay un árbol de fruto muy extraño,
¡no hay otro como él en todo el año!
Es un árbol pequeño, derechito,
terminado en punta: es un pinito.
Tiene en lo alto una estrella temblorosa,
velas azules y color de rosa,
prendidas al extremo de las ramas
cadenas de colores, telarañas de oro y plata,
canastitas llenas de dulces, lindas muñequitas,
rojas manzanas, naranjas color de oro...
Este verde arbolito, ¡es un tesoro!
¡Un aplauso y un beso para el pino
que en Navidad se cubre de regalos!
Reciba su presente cada niño y bailemos
cogidos de la mano... la, la, la, la.

El pajarito vuela

Ella puede ver desde la casa
el bello cielo azul
que aquí admiramos,
y el mismo alegre sol
que aquí nos besa,
la besa a ella también
y a mis hermanos.
Puede ser que un pardo pajarito,
mirándome al pasar por la ventana,
vaya a casa y cante para ella
diciéndole: "Me ha visto esta mañana".
No estamos lejos, no,
sólo unas horas cada día
me alejo de mamá.
Ella dice que soy un pajarito
que así aprendo
a ser fuerte y a volar.

Lo que dice el sol

Buenos días, dice el sol a las flores.
Buenos días, dice el pájaro al sol.
Buenos días, canta alegre el arroyo.
Buenos días, dice ufana la flor.
Buenos días, amiguito querido.
Buenos días, señoritas las dos,
y muy buenos días los que pasemos
en el Jardín que es un nido de amor.

Aeroplanos

Los valientes aviadores
se preparan a volar;
ya están listos los aviones,
ya los sacan del hangar.
Volaremos sobre tierra,
sobre el lago, sobre el mar;
muy felices y contentos
nos iremos a viajar.

Flores del campo

Soy florecita del campo
con vestidito de gasa,
soy la flor de maravilla
y bailo con mucha gracia.
Yo soy flor de los jardines
y todos me llaman rosa,
soy entre todas las flores
la más linda y más graciosa.

Día de la Raza

A los que son de mi raza
que en octubre recordamos;
niñitos que viven lejos,
pero que son mis hermanos.
Son niñitos de otra patria
de la tierra americana,
la que Colón descubriera
cuando llegaba de España;
por eso todos hablamos
la lengua que él nos dejara,
por eso hoy celebramos
la fiesta de nuestra patria.

El borreguito 2)

—Ven, borreguito, ¿quieres jugar?
—No, mi niñito, voy a pastar.
—Di, borreguito, ¿lana darás?
—Sí, mi niñito, ya la tendrás.

Mirasoles

Florecitas de colores
adornando el campo están,
nos anuncian que el otoño
ya nos viene a visitar.

Girasol

Esta mañana temprano
le dijo el sol a una flor:
—Yo te quiero, girasol,
porque eres
de mi mismo color.

Aviador

Aviador valeroso
que vas por los aires,
quisieras ansioso
la patria salvar;
muy dichoso estaría
yo allá en las alturas,
volando triunfal.

A mi bandera

Bandera tricolor:
mi corazón de niño
te ofrezco con amor y entusiasmo,
y cuando yo sea hombre,
y pueda defenderte,
desafiaré a la muerte:
gloria, amor y honor.

Los sembradores

Semillita, semillita,
te venimos a sembrar;
semillita, semillita,
que muy pronto crecerás.
Semillita, semillita,
te venimos a regar,
pues tu duro capotito
te queremos remojar.
Semillita, semillita,
te venimos a sembrar,
en plantita muy hermosa
convertida quedarás.

A mi patria

Empuñando mi bandera,
mi bandera tricolor,
muy derecho voy marchando
al redoble del tambor.
El corazón me palpita
lleno de gozo y ardor
al levantar con orgullo
mi pabellón tricolor.

Las abejitas

Entre las flores vienen zumbando
las abejitas del colmenar,
polen y almíbar les da el vergel
y hacen panales de rica miel.

Patria mía

Es muy linda mi bandera:
verde, blanco y colorado.
Yo te adoro, patria mía,
en tu bandera sagrada.

Las abejas

Oye a las abejas
zumbando en el jardín.
Cogeremos una
que zumbe para mí.
Zum, zum, zum,
déjame salir.
Zum, zum, zum,
ya te puedes ir.

Los heliotropos

Los heliotropos son flores
de perfume embriagador,
son florecitas moradas
de bellísimo color.

El aviador

Soy aviador, éste es mi avión
que hasta las nubes podrá llegar.
Soy aviador, éste es mi avión
que poco a poco descenderá.

La cosecha

Es tiempo de la cosecha,
la tierra nos va a ofrecer
las legumbres que sembramos
y hoy vamos a recoger.
Tenemos lindas zanahorias,
lechugas y rabanitos,
alcachofas, betabel,
acelgas y verdolagas
que el niño se va a comer.

La espiga

Como manto de oro
se ven las espigas
que mueven sus tallos,
con las suaves brisas
parecen decirnos:
—Vengan, segadores,
corten nuestros tallos
con sus grandes hoces.
Después en manojos
y grandes carretas
al molino iremos
todas muy contentas.

El burrito 1)

Amigo burrito que tanto trabajas,
que vas silencioso de aquí para allá,
que llevas la leña y miles de cosas
que sobre tus lomos tendrás que cargar.
Amigo burrito, descansa un momento
y ven con nosotros contento a jugar,
di cómo saludas a tus compañeros
que por los caminos tendrás que encontrar.

R. Zapata y P. Peláez

Golondrinas viajeras

Golondrinas viajeras
regresan a su nido,
festejan su llegada
los pájaros y el sol.
En el jardín hay flores
y en el alma alegría,
golondrina viajera
mi saludo te doy.

El carnaval

El carnaval llegó,
nos trae felicidad
de dicha y de placer.
El tiempo llegó ya.
A cantar, a bailar,
a gozar, a reír.
El carnaval llegó
y hay que ser feliz.

Rositas lindas

Rositas lindas de las chinampas,
yo sé que por las noches se van a un baile
y con su color rojo de terciopelo bailan jarabe.
Rosita linda de las chinampas,
invítame a ese baile que van las flores,
te quiero ver bailando con los mastuerzos.

Los gorriones

Primavera ha llegado
y nos trae flores mil
y muy lindos gorriones
que alegran el jardín.
En las tardes hermosas,
cuando el sol ya se va,
a sus nidos queridos
el calor llevarán.

Carita nueva

Yo tengo cada día
una carita nueva,
me ayudan para hacerlo
el agua y el jabón.
Mi papacito lindo
no me conoce a veces
y cree que un niñito nuevo
entró por el balcón.
Si quieres tú, niñito,
una carita nueva,
que vengan en tu ayuda
el agua y el jabón.

Qué blancos

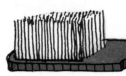

Qué blancos, qué limpios
mis dientes están,
parecen perlitas
que salen del mar.

Carmen González de la Vega

Las siete

Acaban de dar las siete
y nos sonríe el sol,
en el jardín ya se oye
el gorjeo del ruiseñor.

Cuauhtémoc 1)

Fui emperador mexicano,
Cuauhtémoc me llamaron.
Con otro rey, buen amigo,
al tormento me mandaron.
Mi amigo el rey se quejaba
por cómo estaban las cosas,
y yo así le contesté:
¿Acaso crees, buen amigo,
que el mío es un lecho de rosas?

Carolina Reinking

Mis zapatos

Bien cepillados, dados de grasa,
los zapatitos cubren mis pies.
Tras, tras, tras, caminan por aquí.
Tras, tras, tras, caminan por acá.
Bailo con ellos, defienden mis pies,
diario los cepillo, como tú lo ves.
Zig, zag, zig, zag,
qué limpios están;
zig, zag, zig, zag,
brillan más y más.

Lavar y planchar

Lavar, lavar,
los vestidos limpios
deben quedar.
Planchar, planchar,
quitar las arrugas
es saber planchar.

A. Fdez. de Jiménez

El cochinito

Soy un cochinito
bien alimentado,
con mi piel podrán
hacer tu calzado.

Julieta Quintana

Rima

Estos ricos dulces
los hizo mi mamá,
con la buena leche
que la vaca da.

Refugio Loya S.

Vamos a Toluca

El domingo en la mañana
nos iremos a Toluca,
y compraremos la crema
que a papacito le gusta.
También traeremos los quesos
que son ahí tan famosos
y unos sopes muy sabrosos.

Cleotilde González

La vaca

Mantequilla, queso y crema
la vaca alegre nos da,
y leche blanca y muy buena
que los niños tomarán.
Gracias a la buena vaca,
al Jardín, peinado iré,
y con buenos zapatitos
que me obsequia ella también.

Julián Galán M.

El cerdito

El cerdito siempre da
un sabroso chicharrón,
también rica manteca
para que guise mamá.
De su piel también se hacen
unos lindos zapatitos,
que orgulloso luciré
relucientes y limpios.

Margarita Cárdenas

Limpia

Lavado y planchado
llevo mi vestido,
sin una arruguita
y sin una mancha.
El agua, el jabón,
el sol y la plancha
me ayudan contentos
a ser niña aseada.

A. Fdez. de Jiménez

Cuauhtémoc 2)

Cuauhtémoc, Cuauhtémoc,
la patria te admira
tu inmenso heroísmo,
tu grande valor,
y mi alma pequeña
hoy viene a ofrecerte
mil himnos de amor.

Josefina Soto

Como florecitas

Los niños que se bañan,
con agua y con jabón,
parecen florecitas
que se abren con el sol.

Alfarería

Son nuestras bellas cazuelas
orgullo de nuestra patria.
Los metates y jarritos
los hacen nuestros inditos.
Pintados de mil colores
se encuentran nuestros jarrones
que venden todos los días
en tiendas de alfarería.

Ma. Esther Vizcaíno

Para ti

Las flores más bellas
que en el campo vi,
las corté, mamita,
todas para ti.
Ellas te traen mieles
y perfumes mil,
y todo mi anhelo
de que seas feliz.

A la educadora

Estas florecitas
te traen los cariños
y buenos deseos,
de todos tus niños.

Xochimilco

Fui a Xochimilco,
corté muchas flores
de tallos muy largos
y vivos colores.
Pensando yo en ti,
mi madre querida,
te traigo esta ofrenda
por ti merecida.

Ana Luisa Chávez

A remar

Éste va a ser el hermoso
lago de Chapultepec,
y en una lancha ligera
a remar te invitaré.
Y ya dentro de la lancha
tomaremos los dos remos,
y remando despacito
por el lago bogaremos.

El columpio

Siempre en mi columpio encuentro
varias horas de delicia,
jugueteando con el viento,
que, al mecerme, me acaricia.

Felicitación

Los niños del Jardín
en este día te felicitan
llenos de alegría,
y con sus bellos cantos
y con sus flores
te vienen a ofrecer
sus corazones.

Mi escuelita

Mi escuelita es muy bonita.
Allí se estudia y se es feliz.
Todos los niños del pueblo
a mi escuela deben ir.

Flor de durazno

Hecho un manojo de flores
amaneció mi durazno,
y esas flores son promesa
de la cosecha de este año.

A mamá

El regalo está listo
para darlo a mamá,
y con todo cariño
se lo voy a llevar.

Las casitas

Dejé casitas hermosas
allá donde muere el sol,
donde perfuman las rosas
el alma y el corazón.

Con cuidado

Con cuidado cortaré
las uñitas de mis pies,
y así podré caminar,
y dar saltos y correr.

El burrito 2)

Hay un burrito trabajador,
muy vivaracho, muy juguetón,
sale temprano y rebuzna alegre:
es el burrito del aguador.

El hogar 2)

Qué contento vivo
en mi dulce hogar,
con mis hermanitos
con papá y mamá.
Todo ahí es cariño,
todo ahí es amor,
y la dicha reina
en mi corazón.

Laura Domínguez

El gato

El gato de mi niña
está sentado,
pero se mira triste
y hace miau, miau...
No llores, mi gatito,
tan lindo y juguetón,
alégrate y contento
ve y cómete un ratón.

El trompo

Chilla y chilla sin la cuerda
ese trompo bailador,
y divierte hora tras hora
al muchacho jugador.
El trompo zumba y rezumba
porque está muy enojado
con el muchacho travieso.

En mi jardín

La primavera muy bella
ha llegado a mi jardín,
trayendo nardos y rosas,
azucenas y alhelíes.

Laura Domínguez

El reloj 1)

Tic, tac, tic, tac,
el reloj sonando está,
mi niñito tan querido
muy pronto se levantará,
y a su jardín, tempranito
siempre, siempre llegará.

Angelina Cortés

La mariposa 2)

De verde iba vestida
la linda mariposa,
desplegaba sus alas
y besaba a las rosas.
Al prado vuela inquieta
la frágil mariposa,
mientras roba discreta
el néctar de una rosa.

La familia

En esta casa reunida
toda la familia está,
mamá arrulla al pequeñito
que en su cuna duerme ya.
Los hermanitos mayores
su tarea van a empezar;
primero leen las lecciones
que después van a copiar.

Abril

Lindas mariposas:
volad en giros mil
anunciando que llega
alegre el mes de abril.

Josefina Aragón

La siembra

El mes de marzo ha llegado,
es tiempo ya de sembrar,
ayudados del arado
la tierra hay que preparar.
En la tierra ya volteada
grandes zurcos abriremos;
y ahí la buena semilla,
con cuidado sembraremos.
Y después de algunos días
podremos ya contemplar
que de cada semilla
hojitas van a brotar.

Laura Murrieta

Marzo llega

Viene marzo, ¡qué alegría!,
el campo ya verde está
y las flores en los prados
comienzan a abrirse ya.
Es que trae la primavera
que nos viene a visitar,
con sus pájaros y flores
que el campo van a alegrar.

Cleotilde González

Marzo 3)

Ven, marzo, que el campesino
esperándote ya está
para sembrar la semilla
que cosecha le dará.
Así dice una avecilla
en dulce y suave trinar,
mirando amorosa la tierra
que pronto se va a sembrar.

Margarita Guzmán

Mes de abril

El mes de abril ha llegado,
vino contento a traer
muy alegres mañanitas
para jugar y correr.
Festejando el mes tan bello
que el jardín vino a alegrar,
los niñitos muy contentos
linda ronda bailarán.

Josefina Servín de la Mora

El labrador

El labrador está alegre,
la tierra contenta está,
es que marzo, el mes amado,
al fin ha llegado ya.

Noemí Delgado

La yunta

Caminando lentamente
por el campo va
la yunta que el campesino
lleva a trabajar.
La tierra se va aflojando,
los zurcos ya están,
ahora sí, buena semilla
se puede sembrar.
Gracias, mis amigos bueyes
—dice el labrador—,
ustedes siempre nos ayudan
en esta labor.

Cleotilde González

Doce haditas

En esta cajita guardadas están
las doce haditas, haciendo tic, tac.
Y muy de mañana las oigo llamar:
—¡Arriba, despierta, el baño ya está!
Después, a la escuela, dice al sonar,
que siempre en tu vida debes ser puntual.
Cada hora nos dice algo en su cantar,
cómo nuestro tiempo hemos de ocupar.
Y así siempre escucho, del tiempo al compás:
trabaja... descansa... tic, tic, tic, tac.

Carolina Baúr

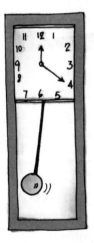

El reloj 2)

El reloj marca las horas
con su suave tic, tac, tic,
nos enseña a ser puntuales
y el tiempo aprovechar.
Siempre nos dice afanoso
en su alegre tic, tic, tac,
el trabajo es muy hermoso,
tic, tic, tic, tic, tic, tic...

Julia Jiménez Prado

Cultiva

¿Te gustan las flores en el jardín,
y el árbol que sombra da para ti?
¿Quieres buena fruta para tomar
y ricas verduras que salud dan?
Todo esto mañana podrás obtener,
si tú lo cultivas y cuidas muy bien.

Cleotilde González

Flores

Muy lindas y frescas flores
que en la mañana corté,
traigo de muchos colores,
marchantita, escoja usted.
Azucenas, margaritas,
claveles y rosas té,
también hay violetitas,
marchantita, escoja usted.

Altagracia Amaya de González

Rondas

Muy bien hecha
Soy una ruedita
Ruedita-ruedota
Una rueda
La ronda de la mariposa
Bella ronda
La rueda de San Miguel
Todo es ronda
Ronda del pío, pío
Ronda
Ronda infinita
San Serafín
Campanitas
El florón
La carbonerita
Rueda de la patata
A Madrú, señores
La pájara pinta
Caballito blanco
Naranja dulce
Dame la mano
Sonreír
La margarita
Se necesita soñar

Muy bien hecha

Una rueda muy bien hecha
vamos todos a formar,
y si queda muy bonita
cantaremos tra, la, la.

Soy una ruedita

Soy una ruedita que gira,
soy una ruedita que baila,
soy una ruedita que salta,
soy una ruedita que... (*otros verbos de acción.*)

Ruedita-ruedota

Una ruedita muy chiquitita
con pasos lentos vamos a hacer,
luego una vuelta muy parejita,
porque nos gusta que quede bien.
Después haremos una ruedota
que muy bien hecha se debe ver,
y terminemos con nuestro ritmo
con otra vuelta linda también.

Una rueda

Muy contentos y cogidos de la mano
una rueda hoy venimos a formar,
y los niños que son siempre tan bonitos,
en la rueda más bonitos se verán.
Los piecitos tan inquietos una vuelta
y pasitos muy graciosos marcarán
y las manos con palmadas
siempre, siempre, sonarán.

La ronda de la mariposa

Jugaremos a la ronda de la bella mariposa,
cantaremos a la ronda de la estrella
más hermosa del pensil.
Finas alas, bellas galas luzco ufana
en la mañana, mis colores dan envidia
a las flores del jardín.
Jugaremos a la ronda de la rosa y la bella
mariposa de abril.

Concha Becerra Celis

Bella ronda

Que nuestras manos se unan
para la ronda formar.
Manos de todos los niños
del campo y de la ciudad,
manos de trabajadores
que la fuerza nos darán,
y las de los campesinos
que traen aliento de paz.
Manos de todos los niños
que al unirse formarán
bella ronda de ternura
que nadie destejerá.

Rosaura Zapata

La rueda de San Miguel

A la rueda, a la rueda de San Miguel,
todos cargan su caja de miel;
a lo maduro, a lo maduro,
que se voltee (*nombre del niño*) de burro.

Todo es ronda

Los astros son rondas de niños
jugando a la tierra mirar,
los trigos son tallos de niños
jugando a ondular,
jugando a ondular.
Los ríos son rondas de niños
jugando a encontrarse en el mar,
las olas son rondas de niños
jugando este mundo,
jugando a abrazar.

Gabriela Mistral

Ronda del pío, pío

A la rueda, rueda, pío, pío, pío,
la gallina blanca
con sus diez pollitos
juega a la ronda.
¡Qué lindos! ¡Qué lindos!
Co, co, co...
Pío, pío, pío...
Donde va la madre, van los
pequeñitos.
Cuatro como nieve y seis
amarillitos.
Co, co, co...
Pío, pío, pío...

¡Qué lindos!
Pica que te pica
el maíz molido.
A la rueda, rueda, pío, pío, pío,
La gallina blanca
con sus diez pollitos
juega a la ronda.
¡Qué lindos! ¡Qué lindos!
Co, co, co...
Pío, pío, pío...

Ronda

Una rueda de amor y ternura,
compañero, te invito a formar;
y yo sé que al unir nuestras manos
nuestras almas también se unirán.
Si los niños del mundo pudieran
una ronda muy grande formar,
sus manitas unidas con fuerza
traerían la ventura y la paz.

Ronda infinita

El mundo está lleno de niños hermosos,
unos son morenos y blancos los otros.
Todos son alegres como buenos niños.
Cantan y bailan y están divertidos.
La ronda infinita con ellos haremos,
y todos unidos al mundo abracemos,
y todos unidos al mundo abracemos.

San Serafín

—San Serafín del Monte,
San Serafín, ¿qué haré?
—Haz como buen cristiano,
yo me hincaré.
—San Serafín del Monte,
San Serafín, ¿qué haré?
—Haz como buen cristiano,
yo me sentaré.
—San Serafín del Monte,
San Serafín, ¿qué haré?
—Haz como buen cristiano,
yo me acostaré.

Campanitas

Campanitas, campanitas
vamos todos a sonar,
que a las buenas señoritas
queremos felicitar.
Vengan, vengan florecitas,
vengan luces a perfumar
nuestra fiesta tan bonita
que es de cantar y bailar.

El florón

El florón anda en las manos
en las manos, en las manos el florón.
El que lo tenga, ¿quién lo tiene?,
¿quién lo tiene?
En las manos el florón.

La carbonerita

¿A dónde va mi carbonerita,
a dónde va la del carbón?
A la orilla de la mar,
quiérela y son, quiérela y son.
Me dirán que soy casada,
me dirán que no lo soy.
A la orilla de la mar,
quiérela y son, quiérela y son.

Rueda de la patata

A la rueda de la patata
comeremos ensalada,
lo que comen los señores:
naranjitos y limones.
Alupe, alupe, sentadita me quedé.

A Madrú, señores

A Madrú, señores,
vengo de La Habana
de cortar manzanas
para doña Juana.
La mano derecha
y después la izquierda,
y después de lado
y después costado,
una media vuelta
con su reverencia.
Tin, tin, que ahí viene la muerte.
Tin, tin, que ahí te va a pisar.

La pájara pinta

Estaba la pájara pinta
sentada en su verde limón;
con el pico recoge la hoja,
con las alas recoge la flor.
¡Ay sí, cuando la veo yo!
Me arrodillo a los pies de mi amante,
fiel y constante.
Dame una mano,
dame la otra,
dame un besito que sea de tu boca.

Caballito blanco

—Caballito blanco,
sácame de aquí,
llévame a mi pueblo
donde yo nací.
—Tengo, tengo, tengo...
—Tú no tienes nada.
—Tengo tres ovejas
en una manada.
Una me da leche,
otra me da lana,
otra mantequilla
para la semana.

Naranja dulce

Naranja dulce,
limón partido,
dame un abrazo
que yo te pido.
Si fueran falsos
mis juramentos
en poco tiempo
se olvidarán.
Toca la marcha,
mi pecho llora,
adiós, señora,
yo ya me voy
a mi casita de sololoy,
a comer tacos y no les doy.

Dame la mano

Dame la mano y danzaremos
dame la mano y me amarás.
Como una sola flor seremos,
como una flor y nada más;
el mismo verso cantaremos,
el mismo paso bailarás;
como una espiga ondularemos,
como una espiga y nada más.
Te llamas Rosa y yo Esperanza,
pero tu nombre olvidarás,
porque seremos una danza
en la colina, y nada más.

Sonreír

Sonreír todos juntos.
Sonreír todos juntos al sentirse afín. (*Se repite.*)
Sonreír todos juntos como hermanos, como hermanas.
Sonreír todos juntos al sentirse afín.
Estrechen juntos las manos al sentirse afín.
Choquen juntos las manos, como hermanos, como hermanas,
choquen juntos las manos al sentirse afín.
La, la, la....

La margarita

Blanca margarita que en el campo creces,
bella margarita que hay en el jardín,
el niño te busca, te quiere,
porque su blancura se parece a ti.
Cuando en la pradera sobre el verde césped
los niños felices llegan a jugar,
las rondas que forman
son cual margaritas
que al ritmo del viento
míranse girar.

Se necesita soñar

Se necesita soñar,
intensamente vivir.
Las cosas salen mejor
si se hacen con ilusión,
y para ser más feliz
a ti te puedo decir:
A todo ponle entusiasmo y amor.

Canciones

10 de mayo
La tortuguita
Saludo corporal
Perros y gatos
Fin de curso
Mi gatita
Cuando yo sea grande
Canto de los tambores
El gallito
Felicidad
Saludo 1)
La escalera
El caballito
Barquito de papel
Laberinto
La pelota
Indita de Xochimilco
Indito de Michoacán
Doña cigüeña
Pececito rojo
Osito panda
Gotitas de agua
El minero
El avión
Si sano
La casita
El conejito blanco
Muy buenos días
Ayer me fui al campo
Los pollitos
Los animalitos
Los patitos
Ama de casa
Temprano
Posadas
El payaso
A Froebel
Himno a la madre 1)
La piñata

Tobi
De paseo
Primavera
Marionetas
El muñeco tieso
Juguetes
La mulita gris
El verano
Otoño
Con el frío
La abeja chiquitita
La escalerita
Pedro conejito
Gusanito
Dulce sonar de campanas
Cinco ratoncitos
El periquito
Los niñitos
El tecolotito
Mi cabeza
La muñequita
Éstos son
La maquinita
Ya llueve, ya llueve
Florecita
El solecito
Gotita de agua
La granja
Ayudando a mamá
Una mosca
El niño del tambor
Din, don, dan
25 de diciembre
Despedida 1)
Despedida 2)
Despedida 3)
Buenos días
Saludo 2)
Saludo a la bandera

Día del padre
Despedida 5)
La piñata
Diciembre
Arbolito navideño
El trineo
Santa Claus
Estudiantina
El reloj
Saludo 3)
Saludo 4)
Esta mañanita
Yo tengo
Lo que tengo
El cochecito
Buenos días, señorita
Canto a la madre
Himno a la madre 2)
Otoño
Los oficios
Siempre alegre
Día de muertos
Promesa
Tambores y cornetas
Despedida 4)
Corre, trenecito...
Barquito
El autobús
Los inditos
Dulce hogar
Compañerito, ven
Primavera
El martillito
Tengo, tengo, tengo
El fruterito
Flor amarilla
Arco iris
Máscaras

10 de mayo

Mamita querida:
en este día
yo te saludo
con alegría.
Las florecitas
que ves aquí,
madre querida,
son para ti.
Te las ofrece
mi corazón
con gran anhelo,
con emoción.
Tu nombre se desliza
como un dulce sonido
que abraza con caricias
y con besos de amor.
El cielo nos da estrellas,
el ave su canción,
y yo a ti, mamita,
te doy mi corazón.

Saludo corporal

Saludar las manos, compañeros,
saludar las manos,
las manos saludar.

Perros y gatos

Somos perritos, gua, gua, gua;
somos gatitos, miau, miau, miau.
Vamos a ver si todos juntos,
todos juntos podemos cantar:
Gua, gua, gua, miau, miau, miau...
Se logró sin dificultad.

Fin de curso

Muy contento, cada día
a la escuela siempre voy.
Tengo muchos amiguitos
tan traviesos como yo.
Con pinceles y pinturas
comencé a iluminar,
y con líneas de colores
mil figuras sé formar.
Aprendí muchas canciones
y nuevos cuentos conocí,
siempre llenos de emociones
que quisiera yo vivir.
Y en cada uno de los juegos,
mi maestra me enseñó
a ser ordenado, sincero,
cortés y buen compañero.
Verás aquí mis trabajos
que con cariño realicé,
en ellos puse todo mi esfuerzo
y hoy a ti regalaré.

La tortuguita

Mira a esta tortuga,
tal vez nació cansada...
camina tan despacio
que nunca va a llegar.
Mas fíjate, niñito,
la pobre va cargada,
pues en su espalda siempre
su concha ha de llevar.

Mi gatita

Mi gatita es toda blanca,
linda y fina;
yo le pongo diariamente
su listón,
ella come mientras como,
y, si me acuesto,
a los pies de la cama
hace ron, ron.

Cuando yo sea grande

Cuando yo sea grande
seré buen agente,
cerca de un semáforo
voy a trabajar.
En los ejes viales
estaré cuidando
a los ciudadanos
que van a transitar.

Canto de los tambores

Los tambores van cantando
pa-ram-pam.
Es Navidad, un día de paz y felicidad
pa-ram-pam. (*Se repite.*)
Los tambores van cantando
pa-ram-pam. (*Se repite.*)
En un portal, por nuestro corazón,
un niño nació
pa-ram-pam. (*Se repite.*)
Los tambores van cantando
pa-ram-pam.

El gallito

Desde hoy por la mañana, la, la,
he perdido a mi gallito, la, la.
Tengo pena, la, la (*Se repite.*)
porque no lo puedo hallar.
Tiene cresta colorada, la, la,
de plumas amarillas, la, la,
aletea la, la. (*Se repite.*)

Felicidad

Es tener amigos con quien jugar,
un perrito para acariciar;
es tener comezón,
corretear un ratón
y cantar como papá.
Es reír y cantar,
es amar y perdonar,
es tener y siempre dar,
dar cariño a los demás;
es sentirse grande
para ayudar
a poner la mesa
a mi mamá,
es jugar sin cesar
y también trabajar,
y después irse a acostar.

Saludo 1)

Con una sonrisa
y una inclinación,
con mucho cariño
decimos: ¿Qué tal?

La escalera

Ésa es la canción de Juan,
cuando sube la escalera,
luego la vuelve a bajar.

El caballito

A galope vengo,
a galope voy
en mi caballito,
¡qué contento estoy!

Carlos González

Laberinto

Por la senda complicada
de este alegre laberinto,
buscaré muy afanoso
los juguetes de mi banda.
Cuando todos aparezcan
formaré pronto mi orquesta,
mientras tanto, caminando,
llegaré hasta la meta.

La pelota

Yo tengo una pelota
que salta muy bonito,
bota aquí, salta allá,
ta-pa-ta-pa-ta-pa-tap.
Cuando juego con ella
se pone muy contenta,
rueda aquí, rueda allá,
ta-pa-ta-pa-ta-pa-tap.

Esperanza García Conde

Barquito de papel

Con la media hoja de un periódico
hice un barco de papel,
y en la fuente de mi casa
navegando va muy bien.
Mi hermano con su abanico
sopla que sopla sobre él;
muy buen viaje, muy buen viaje,
buquecito de papel.

Indita de Xochimilco

Yo vivo en Xochimilco
entre florecitas bellas,
para que usted, marchantita,
haga un ramito con ellas.
Yo voy en mi trajinera
por el lago a vender
todas esas lindas florecitas
que yo misma cultivé. (*Se repite.*)

Indito de Michoacán

Yo soy indito tarasco,
indito de Michoacán,
traigo jícaras de Uruapan,
yo mismo las hice allá;
puse en ellas los colores
de los campos y las flores,
esa tierra tan hermosa
es mi lindo Michoacán.

Doña cigüeña

Doña cigüeña pico colorado
una patita se ha quebrado,
por eso camina con mucho cuidado
una pata al suelo
la otra levantada.

Pececito rojo

Pececito rojo
que en el agua clara
de la limpia fuente
he visto nadar,
pececito lindo,
si nadar supiera,
contento contigo
me pondría a jugar.

Osito panda

El osito panda vino aquí,
siempre que saluda hace así.
Vino de la China Popular
niños mexicanos a saludar.

Gotitas de agua

Qué bonito juegan
las gotitas de agua,
las gotitas de agua
de la regadera
saltan por los hombros,
juegan con el pelo
y por todo el cuerpo
van rueda que rueda,
caen todas al tiempo
y me hacen gritar;
traviesas gotitas
que quieren jugar,
qué bonito juegan
las gotitas de agua...

El minero

En la oscura mina,
a gran profundidad,
el minero cava
en busca de metal.
Una lucecita
en su casco va,
es su compañera
en la oscuridad.

El avión

Yo tengo un aeroplano
que vuela con primor,
tiene dos grandes alas,
hélice y su motor.
Metido en la cabina
tomo la dirección,
y entre las nubes blancas
llego casi hasta el sol.

Muy buenos días

Muy buenos días, decimos todos
al saludarnos el día de hoy,
nuestro trabajo realicemos
con entusiasmo y con amor.

Luz Ma. Serradel

Si sano...

Si sano, si fuerte
tú quieres crecer,
lávate bien las manos
antes de comer...
lávate bien los dientes
después de comer...

Ayer me fui al campo

Ayer me fui al campo,
¡cómo me divertí!
Encontré a unos niñitos
que jugaban así.

Luz Ma. Serradel
Carmen Calderón

La casita

Una casa fui a buscar,
y cuando yo la miré
a la casa me acerqué.
Tan, tan, tan.
—Juan, Juan, abre ya.
Pon, pon, pon, lo vi venir,
y cuando la puerta abrió
su amistad me dio.

Los pollitos

Los pollitos dicen pío, pío, pío,
cuando tienen hambre,
cuando tienen frío.
La gallina busca
el maíz y el trigo,
les da la comida
y les presta abrigo.
Bajo sus dos alas, acurrucaditos,
hasta el otro día
duermen los pollitos.

El conejito blanco

Este conejo es muy bonito,
es blanco como su mamá,
come lechugas y rabanitos,
salta que salta sin descansar.

Rosaura Zapata

Los animalitos

Un animalito
va de aquí a salir,
tal vez un perrito,
tal vez un gatito,
tal vez ¡no sé qué!

Carmen Ramos

Los patitos

Ésta es una laguna
en ella patos hay
que nadan muy alegres,
cantando cua, cua, cua.
Cansados ya del agua,
se salen a pasear
moviendo sus patitas,
cantando cua, cua, cua.
Al agua los patitos
contentos volverán,
se tiran un clavado
cantando cua, cua, cua.

Rosaura Zapata

Ama de casa

Al ama de casa yo voy a jugar
y haré muy contenta lo que hace mamá.
El lunes me toca la ropa lavar,
y el martes temprano tendré que planchar,
el miércoles todas las compras haré,
y jueves y viernes me siento a coser,
el sábado, niños, la casa hay que asear,
y todo el domingo podremos pasear.

Rosaura Zapata

Temprano

Cargada va la chalupa, temprano,
por el Canal de la Viga, temprano,
y el sol, por mirar mis lindas verduras,
se levantó más temprano.
Temprano mis coles están muy hermosas,
temprano mis chiles se pueden mirar.
Si quieres mis chiles y mis verdolagas,
temprano al mercado tienes que llegar.

Rosaura Zapata

Posadas

En la noche de posadas
la piñata es lo mejor,
la niña más agraciada
se conduce con valor.

El payaso

Salta, salta el payaso,
salta, salta sin caer,
salta, salta el payaso,
salta, salta, se cayó.

A Froebel

En toda alma infantil hay un recuerdo
y un cariño muy grande y muy leal
para ese gran amigo, para Froebel,
que con los niños realizó su ideal.
Son para él las más hermosas flores
que en el Jardín hoy lucen con primor,
son para él nuestros cantos más bellos
en los que va expresado nuestro amor.

Luz Ma. Serradel

Himno a la madre 1)

Madre, mi cariño yo quiero expresarte
en un bello y sentido cantar,
con palabras que nunca has oído,
mi almita de niño te quiere hoy hablar.
Que yo sienta tu mano tan suave
unida a la mía con toda bondad,
y que siempre ilumine mi vida
la luz de tus ojos, tu dulce mirar.
Madre, mi cariño yo quiero expresarte
en un bello y sentido cantar.

Rosaura Zapata

La piñata

La piñata está colgada
y la tienes que romper,
que te venden los ojitos
para que no puedas ver.
Dale, dale, dale, no pierdas el tino,
porque si lo pierdes,
pierdes el camino.

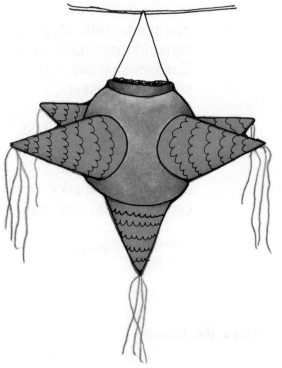

Tobi

Tobi es mi perrito,
mamá me lo dio
cuando una vecina
se lo regaló.
Juguetón y listo
sabe obedecer,
yo lo quiero mucho
y él a mí también.

La mulita gris

Arre, mulita de color gris,
salta las piedras, corre feliz.
Por el camino del monte va
muy cargadita, sin rebuznar,
ya cansadita regresará
a dormir pronto en el corral.

Primavera

Todos muy contentos hoy festejaremos
a la primavera que nos visitó.
Ella nos trae flores, lindos pajaritos,
mariposas bellas, alegría y amor.

Marionetas

Bailarán así
las pequeñas marionetas,
bailarán así,
bailarán y bailarán.

El muñeco tieso

Es un muñequito
que muy tieso está,
dentro de la caja
lo van a guardar.
Mírenlo bajando,
poco a poco va,
muy cerca del suelo
tiene que llegar.
Ya está bien dormido,
ya ha de despertar.
Cuando el piano cuente tres,
lo verás saltar.
¡Uno, dos, tres!
¡Arriba!

Elena S. de Acuña
Bertha von Glumer

Juguetes

Madrina este año
muchos juguetes me regaló:
una caja de soldados
para hacer un batallón,
una pelota gigante,
un lindo conejo Blas
y una preciosa muñeca
que dice papá y mamá.

De paseo

Hoy nos vamos de paseo,
hoy nos vamos de excursión,
porque el día está muy alegre,
ya lo está bañando el sol.
Nos iremos al hermoso
bosque de Chapultepec
y veremos cosas bellas
que vendré a contarle a usted.

El verano

El verano ya está aquí
y nos trae espigas de oro.
Las cigarras en su honor
cantan un alegre coro.
Bienvenido sea el verano
que trae la alegría,
los gorriones lo saludan
al rayar el día.

La abejita chiquitita

La abejita chiquitita,
zum, zum, zum,
ha perdido su casita,
zum, zum, zum,
¿quién le ayuda a buscarla?,
zum, zum, zum,
es muy fácil encontrarla,
zum, zum, zum.

L. Diamond

Otoño

—En el otoño los arbolitos
tiran sus hojas, ¿por qué será?
—Porque ya vienen tiernos retoños
y hojitas nuevas los cubrirán.
—Y las hojitas que caen ya secas
y el viento arrastra,
¿adónde irán?
—No sé, niñito, tal vez muy lejos,
pero a su árbol no volverán.

Con el frío

Con el frío, ja, ja, ja,
me dan ganas de brincar;
con el frío, ja, ja, ja,
me dan ganas de bailar;
con el frío, ja, ja, ja,
me dan ganas de... (*otros verbos
de acción.*)

Consuelo Álvarez

La escalerita

Pon la escalerita,
quiero yo subir,
pero está tan alta
que no tiene fin;
comienza de nuevo
con mucho tesón.
Descanso poquito
y arriba ya está.

Esther S. de Schnneider

Pedro conejito

Pedro conejito
vio una mosca en su nariz.
Sopló,
la mosca voló.

Gusanito

Tengo un amiguito
que es un gusanito,
con su traje verde
viene hoy a bailar.
Primero se encoge
y después se estira,
y poco a poquito
se hace para atrás;
otra vez se encoge
y después se estira,
y poco a poquito
vuelve a empezar.

Cinco ratoncitos

Cinco ratoncitos salen a pasear,
siempre los encuentro en el comedor;
suben y bajan, suben y bajan,
por elevador, por elevador.

El periquito

En la tienda está
un periquito azul
entre pajaritos,
es muy popular y
platicador
y también muy querido.
Buenos días, buenos días,
así nos saludamos.
Buenos días, buenos días,
así nos contestamos.

Dulce sonar de campanas

Dulce sonar de campanas,
cerca de Navidad,
vierte en todas las almas
paz y felicidad.
Suave, los ángeles se oyen cantar,
cual en la noche a conmemorar.
Llena su son celestial
todo hogar terrenal.

Los niñitos

Los niñitos limpiecitos,
los niñitos chiquititos
su carita han de lavar;
las manitas limpiecitas
han de estar.

El tecolotito

Tecolote, niño tecol,
ti-cu-ri-cú,
tecolotito,
ti-cu-ri-cú, niño tecol.
Niño,
canta bonito,
ti-cu-ri-cú,
por el granero tecol.
Niño, niño,
ti-cu-ri-cú,
por el granero tecol.
Niño, niño,
ti-cu-ri-cú, vas de paseo,
ti-cu-ri-cú,
tecolotito
que por las noches
miras sin luz,
sé mi amiguito,
tecolotito,
ti-cu-ri-cú.

L. y M. Ma. Lomely

La muñequita

Yo soy una muñequita
que dice papá y mamá,
abro y cierro los ojitos
y también voy a bailar.

R. Zapata, P. Padilla

Éstos son...

Éstos son mis ojos,
ésta es mi nariz,
ésta es mi boca,
hace pis, pis, pis.
Estas orejitas sirven
para oír,
éstas son mis manos,
hacen pas, pas, pas,
con los piececitos
la, la, la...
con los piececitos
vamos a marchar
con los piececitos
vamos a...
etcétera...

Mi cabeza

Mi cabeza, mi cabeza
dice: ¡Hola, hola!,
y mis hombros, y mis hombros
dicen: ¡Hola, hola!,
y mis manos, y mis manos
dicen: ¡Hola, hola!,
etcétera...

Esperanza García Conde

La maquinita

Corre, corre maquinita,
corre, corre sin cesar,
que, en la casa, mamacita
ya me quiere ver llegar.
Al regreso del Jardín
un besito me dará.
Corre, corre maquinita,
corre, corre sin cesar.

Ya llueve, ya llueve

Ya llueve, ya llueve,
comienza a llover,
menudas gotitas
yo miro caer
Ya llueve, ya llueve,
¿por qué lloverá?
Las flores del campo
muy secas están.

Gotita de agua

Gotita de agua como un cristal,
un arroyito ven a formar,
y corriendo alegremente
llegaremos hasta el mar...
y corriendo alegremente
llegaremos hasta el mar.

Florecita

Florecita, ven aquí,
ven aquí pronto a bailar,
tus hojitas me dirán
cómo te llamas en el Jardín.

La granja

Vamos a ver la granja,
¡qué bonita es! (*Se repite.*)
La vaquita hace así: mu, mu;
el borrego hace así: be, be;
el (*otro animal*) hace así: (*voz onomatopéyica.*)

El solecito

Solecito que temprano bajas
hasta mi balcón y contento
me despiertas con tu luz y tu calor.
Solecito nunca dejes de bajar
a mi balcón,
y con tu polvito de oro envuelve
mi corazón.

Ayudando a mamá

Muy temprano me levantaré
y a mamita yo le ayudaré
a... (*barrer, lavar, etc.*)
(*Mímica.*)

I. Vargas

69

Una mosca

Una mosca anda volando
y ya viene a tu lugar.
No la dejes que se acerque,
porque te puede enfermar;
no la dejes en tu leche,
no la dejes en tu pan;
si te pica te hace daño
y ya no podrás jugar.

25 de diciembre

25 de diciembre, fun, fun, fun.
Un niñito muy hermoso
ha nacido en un portal,
con su carita de rosa
parece una flor hermosa.

El niño del tambor

El camino que lleva a Belén
lo voy marcando con mi viejo tambor.
Los pastorcitos quieren ver a su rey,
le traen regalos en su humilde zurrón.
Pom, pom, pom... Pom, pom, pom.
Yo quisiera poner a tus pies
algún presente que te agrade, Señor,
mas tú sabes que soy pobre también.
Su ronco acento es un canto de amor.
Pom, pom, pom... Pom, pom, pom.
En tu honor frente al portal tocaré
con mi tambor a-a-a-a
cuando Dios me vio tocando ante él,
me sonrió.
Pom, pom, pom... Pom, pom, pom.

Din, don, dan

Din, don, dan,
ya se oyen sonar
lindas campanitas
anunciando Navidad.
Ya llegó la Navidad,
todo mundo alegre está,
y los niños sus regalos
con placer recibirán.

Despedida 1)

Adiós, amigos míos,
mañana volveré,
me espera mamacita
y yo la voy a ver.

Despedida 2)

Son las doce, terminamos
vamos a salir,
este día de trabajo
acabó feliz.
Vamos ya, vamos ya,
a casita con mamá.

Saludo a la bandera

Bandera de tres colores:
yo te doy mi corazón,
te saludo, mi bandera,
con respeto y con amor.
Es el saludo de un niño
que siempre ha de ver en ti
algo grande y respetado,
bandera de mi país.

Despedida 3)

Son las doce, son las doce,
vamos ya, vamos ya,
vamos ya a casita,
vamos ya a casita
con mamá, con papá.

Promesa

Bandera de mi patria,
bandera mexicana,
prometo yo adorarte
con todo el corazón,
y para que tu nombre
sea siempre venerado,
tendré salud y fuerza
y en el trabajo, amor.

Buenos días

—Buenos días, señorita,
buenos días yo te doy.
—Buenos días, amiguito,
qué contento vienes hoy.

Astrid Durán

Tambores y cornetas

Tambores y cornetas,
con ritmo militar,
nos dicen sin cesar:
¡Vamos a marchar! (*Se repite.*)
¡Viva México! ¡Viva México!
Ra-ra-ra.

Saludo 2)

Mis labios dicen: Muy buenos días,
mis ojos miran con alegría,
y mis manitas con dulce afán
este saludo gentil te dan:
La, la, la, la...

Despedida 4)

La, la, la, la, la, la, la,
el trabajo terminó,
la, la, la, la,
a casita ya me voy,
la, la, la, la,
me espera mamá y papá,
y mañana muy feliz regresaré.

Barquito

Barquito, barquito,
navega despacito. (*Se repite.*)
Arriba y abajo
las olas del mar,
arriba y abajo
las olas se van.

Corre, trenecito...

Corre, trenecito,
corre por el campo.
Llega y se para
frente a la estación.
¿Qué tal, qué tal?
Que suba otro señor.

El autobús

Por la carretera voy
muy feliz en mi autobús,
en las curvas gozo yo
manejando sin temor,
y los pasajeros van
muy contentos a pasear,
admirando los bellos paisajes
de este alegre viaje
que no olvidarán.

Los inditos

Los inditos están hoy de fiesta,
¡ay, ay, ay!,
celebrando la feria del pueblo
saludaron al sol con cohetes,
las campanas echaron a vuelo.
Ven, indito, ven a bailar,
mientras, te voy a cantar.

Dulce hogar

En mi casita paso la vida
entre cariños, dulce y feliz.
Papá me abraza, mamá me besa
y mi abuelita me canta así:
La, la, la, la, la, la,
la, la, la, la, la, la.
Nunca el destino puede alejarme
de mi casita, no quiero yo;
habrá lugares quizá más bellos,
pero en ninguno hay tanto amor.

Hugo Gonzatti

72

Compañerito, ven

Compañerito, ven,
que te quiero enseñar
la música a seguir,
comenzaremos ya.

Rosario Roldán de A.

Tengo, tengo, tengo

Tengo, tengo, tengo,
tengo una cabeza,
tengo dos orejas
y también dos ojos.
Tengo una nariz
tengo una boca
y también los dientes
que yo te mostraré.

Primavera

Hoy las golondrinas
platicando están,
es que primavera
ha llegado ya.
Hoy los pajaritos
vienen a cantar,
es que primavera
ha llegado ya.
Hoy las florecitas
vienen a bailar,
es que primavera
ha llegado ya.

Carmen Ramos

El fruterito

Soy fruterito,
tengo mi huerta
con muchos árboles
cerca de aquí.
Corto la fruta, llevo mi cesta,
corro al mercado y grito así:
"Vengan, niños, a comprar;
traigo frutas, chabacanos y
peritas de San Juan.
A peso los montoncitos,
a peso, para acabar."

El martillito

Tap, tap, tap, hace el martillito,
top, top, top, hace al trabajar,
tapa, tapa, tapa, hace el martillito,
topo, topo, topo, hace al trabajar.

Día del padre

Papacito mío, hoy quiero cantarte
y para ti sólo es hoy mi canción.
Óyela si quieres, guárdala en tu pecho,
pues lleva pedazos de mi corazón.
Sé que tú ayudaste a mecer mi cuna,
y que desde entonces caminando vas,
llevando en la vida los brazos abiertos
para defenderme del dolor y el mal.

Flor amarilla

Flor amarilla, que mirando
siempre al sol,
tu nombre voy a decirte:
Te llaman girasol.
Adornando entre los campos
al humilde labrador,
hermosa flor amarilla,
que mirando siempre al sol,
tu nombre voy a decirte:
Te llaman girasol.

Despedida 5)

Adiós, no olvides nunca,
no olvides nunca,
este Jardín,
que aquí como una flor bella,
como flor bella,
creciste tú.
Y cuando lejos de aquí estés
recuerda, niño, que eres flor bella
de este Jardín.
No olvides nunca que yo te quiero,
no olvides nunca este Jardín.
Y cuando lejos de aquí estés
recuerda, niño, que eres flor bella
de este Jardín.

Arco iris

Allá en el cielo
el arco iris con mil colores
ya se formó;
se fue la lluvia, dejo tan sólo
allá en la altura luz y color.

Máscaras

Una mascarita tengo
y me la voy a poner.
Yo sé bien que mis amigos
no me van a conocer.
Mi mamá, al verme con ella,
dio un gritito sin querer,
pero luego, ya tranquila,
siguió haciendo su quehacer.
¿Quién será esa mascarita?
¿Quién crees tú que pueda ser?
Si adivinas tú,
con gusto un aplauso te daré.

Arbolito navideño

Mamá compró un arbolito,
nuestro árbol de Navidad,
un pino fresco y muy verde
que vamos ahora a adornar
con focos de mil colores,
esferas lindas también,
con campanitas y escarcha
y guirnaldas de papel.
Abajo van los regalos
y en lo alto habrá que poner
la estrella que guió a los Reyes
hasta el portal de Belén.

La piñata

Con la ollita de barro
que ayer me dio mamá
y este papel de China
que fuimos a comprar,
haremos entre todos
una linda piñata
que muy acomodadita
nos tiene que quedar.
Cuando esté terminada,
la vamos a llenar
con fruta muy sabrosa
que aquí tenemos ya.
Si quieres tú romperla,
si la puedes quebrar,
tienes que estar
muy listo
para la fruta juntar.

El trineo

En lindo trineo
te voy a llevar,
que sobre la nieve
pueda caminar.
Te arrastran perritos
que no tienen frío,
porque llevan puesto
un caliente abrigo.
En lindo trineo
te voy a llevar,
que sobre la nieve
pueda caminar.
Nos deslizaremos
como en tobogán,
ya verás, niñito,
que te gustará.

Diciembre

El mes de diciembre
trae felicidad,
es mes de posadas
y de Navidad,
mes en que da gracias
cada uno en su hogar,
por el año viejo
que va a terminar.

Santa Claus

Santa Claus ya vendrá
y regalos nos traerá,
un reloj, un patín
y un hermoso volantín.

Cuando llego al Jardín,
al Jardín, al Jardín,
digo: Buenos días así,
buenos días así.

Saludo 4)

Muy buenos días, amigo,
muy buenos días te doy.
¿Quieres bailar conmigo?
El paso a enseñarte voy.

Estudiantina

Ya llegó la estudiantina pequeña. (*Se repite.*)
Porque ninguno llegamos apenas
a los siete años de edad. (*Se repite.*)
Si alguna vez estás triste, muy triste. (*Se repite.*)
Ven y verás que cantando y tocando
las penas pronto se van.
Hoy vino la estudiantina a cantarte,
hoy vino la estudiantina a alegrarte,
y en nuestros cantos queremos desearte
gran dicha y felicidad.

El reloj

El reloj marca las horas
sin descanso y con afán,
y nos dice a cada instante:
Corre, brinca, juega y salta,
canta alegre sin cesar.
Y el trabajo y el descanso
el reloj señalará.

Esta mañanita

Esta mañanita no ha salido el sol
y hace tanto frío que entumido estoy.
Para calentarme yo quiero jugar
a manos calientes o bien a brincar.

76

Yo tengo

Yo tengo una cabeza
que muevo así, así,
yo tengo unas manos
que muevo así, así...
(*Se repite con cada
parte del cuerpo.*)

Lo que tengo

Dos ojitos tengo que saben mirar,
una naricita para respirar,
dos orejitas que saben oír,
y dos manitas que así aplaudirán:
La, la, la, la...

El cochecito

Un cochecito compró papá
para llevarnos a la ciudad.
Grande, muy grande quisiera estar
para poderlo yo manejar
así, así, así.
Toma el volante mi papá,
así, así, así,
pronto podré yo manejar.

Buenos días, señorita

—Buenos días, señorita,
buenos días tenga usted.
—Amiguitos, buenos días,
que alegres todos estén.
Siete palmadas daremos,
golpecitos con los pies
y oyendo el piano podremos
muchas vueltas dar después.

Canto a la madre

Madre, en esta mañana
las flores te envían
su grato olor,
las aves que cruzan
felices el cielo
sus cantos entonan
también en tu honor.
Y tu hijo querido
te ofrece amoroso
su alma de niño
y un beso de amor.
¡Oh, madre querida!
¡Oh, madre adorada!
Que nunca me falte
en la vida tu amor.

Himno a la madre

Mamacita linda,
mamacita buena,
este alegre día,
con grata emoción,
vengo yo a decirte
que te quiero mucho
y a darte mi ofrenda
con esta canción.
Les pedí a los cielos
una dulce estrella,
a los verdes campos
les pedí una flor,
a la noche quieta,
un rayo de luna,
al mar una perla
y un trino al gorrión;
cuando tuve todo
lo junté con besos,
eso es lo que tengo
y es lo que te doy.
Lo amarré con lazos
de amor encendido
y dentro, muy dentro,
va mi corazón.

Los oficios

El trabajo que tenemos
vamos todos a mostrar,
pase al centro un carpintero
(*herrero, etcétera.*)
y su oficio enseñará.

Padilla

Siempre alegre

Alegres, siempre contentos
y trabajando hemos de estar;
alegres, siempre cantando y
dando a todos felicidad.

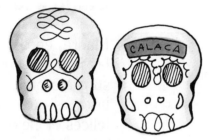

Día de Muertos

El Día de Muertos (*Se repite.*)
lo vamos a celebrar
con calabaza, calaveras,
y te vengo a invitar.

Otoño

En otoño, las hojitas
de los árboles
se caen,
viene el viento
las levanta y
se ponen a (*jugar, saltar... etcétera.*)

Adivinanzas

El gato 1)
El perro
Los cerillos
El teléfono
El helicóptero
La calle
El sol 1)
El cielo
La luna 1)
Las estrellas 1)
El penacho
La vaquita
El cerdito 1)
El reloj 1)
El zapatero
La vaca
Los zapatos 1)
El sol 2)
La primavera
El verano
El otoño
El invierno 1)
El sol 3)
La luna 2)
El sol 4)
Las estrellas 2)
La nube
Los Santos Reyes
Las nubes 1)
Carnaval
Mi casita
Las llaves
Mi papá
El bebito
El reloj 2)
El plumero 1)
La escoba 1)
La manguera
El jabón 1)
El pan

La tortilla
El paraguas 1)
La letra O
El puente
La lengua 1)
El carbón
La escoba 2)
El cohete
La piña
El plátano
Las tijeras
El papel
La carta
La mosca
El pato
Los zapatos 2)
La lluvia 1)
La luna 3)
El sombrero
La noche
La sombrilla
El pañuelo
La lluvia 2)
La tortuga
La escoba 3)
El vestido
El jabón 2)
El arco iris 1)
El granizo
El cartero
El canario
El sol 5)
Las nubes 2)
El cuaderno
El conejo
El ratón
El plumero 2)
El invierno 2)
El huevo
El año

El arco iris 2)
Los ojos
La lengua 2)
La pera
El caracol
El aguacate
Las estrellas 3)
La araña 1)
La llave
El sol 6)
La pelota 1)
El río
La campana
Ventanas
La sala
El espejo
La cebolla
El paraguas 2)
El limón
Los zapatos 3)
El semáforo
El calor
La semilla
La luna 4)
El árbol
El anillo
Alicante
La mañana
El cerdito 2)
La luna 5)
La rana
El cochinito 1)
El gato 2)
La araña 2)
La piñata
La pelota 2)
El cochinito 2)
La laguna
El trompo
El viento

El gato 1)

Si tengo susto,
hago puf, puf;
si estoy contento,
hago ron, ron.
¿Quién soy?

El helicóptero

Sin alas lo mismo vuela,
se parece a una langosta,
un molino en su cabeza,
en cualquier sitio se posa.

La calle

Todos pasan sobre mí
y yo no paso por nadie,
muchos preguntan por mí
y yo no pregunto por nadie.

El perro

¿Quién cuida la casa,
te lame las manos
y te da las gracias
moviendo su cola?

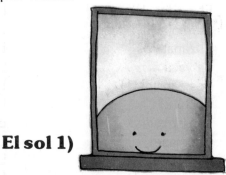

El sol 1)

¿Quién entra
por la ventana
y te despierta
por la mañana?

Los cerillos

Una caja llena
de soldaditos
con sus cascos
coloraditos.

El cielo

En mí viven las estrellas
y la luna y el buen sol.
¿Puedes decirme, niñito,
yo quién soy?

El teléfono

Habla y no tiene boca,
oye y no tiene oído,
es chiquito y mete ruido,
muchas veces se equivoca.

La luna 1)

En noche clara
brillo en el cielo
rodeada de estrellas
y de luceros.

El cerdito 1)

De su carne deliciosa
sacan tocino y jamón.
Y de su cuero tan duro
el sabroso chicharrón.
¿Quién es?

Lila Batres

Las estrellas 1)

De día dormimos
y de noche brillamos.
¿Quiénes somos?

El reloj 1)

Cerca del oído me dice
qué hora es;
o en lo alto de la torre
o en la pared también.
¿Qué es?

El penacho

Estoy hecho de plumas
de bellos colores.
Lo usaba Cuauhtémoc,
y hoy tú lo llevarás.
Dime, pues, ¿quién soy?

Julieta Ordóñez

El zapatero

Taca, taca, tan.
¡Qué viejos están!
Los dejaré nuevecitos,
taca, taca, tan.
Caminando vienen,
caminando van;
yo siempre remendando,
taca, taca, tan.
¿Quién soy?

Elena Ibarra

La vaquita

Es tu buena amiga,
vive en la granja,
te da buena leche,
también rica carne.
Con sus cuernos hacen
botones y peines.
¿Sabes tú quién es?

La vaca

Me gusta mucho la alfalfa,
con ella doy mucha leche
para alimentar al niño
que tanto, tanto me quiere.
¿Quién soy?

Ma. Evelia Partida

El verano

En la temporada
de brillante sol,
maduro la fruta
con lluvia y calor.

Los zapatos 1)

Somos dos hermanitos
que siempre juntos andamos,
con los grandes y chiquitos
parejitos caminamos.
¿Quiénes somos?

Marcela Nacif

El otoño

Después de muchos
meses de labor,
entrego las cosechas
al labrador.

El sol 2)

Con mi rubia cabellera
a todos voy alumbrando,
con mi luz y mi calor
la vida voy conservando.

El invierno 1)

Yo traigo el frío intenso
y las fuertes nevadas,
y reúno a la gente
en alegres veladas.

La primavera

Traigo a las aves,
traigo a las flores
que adornan los campos
de mil colores.

El sol 3)

Muy temprano aparezco
en el cielo azul;
y alegre te ofrezco
calor y luz.

La luna 2)

Todas las noches paseo
por el bello cielo azul.
Si tú sales a buscarme
te alumbraré con mi luz.

El sol 4)

Sin mí, el día está triste;
sin mí, el día está frío.
Y yo, tras de las nubes,
me asomo y me río.

Los Santos Reyes

Leemos las cartitas
de los niños buenos,
y les regalamos
lo que nos pidieron.

Las nubes 1)

El viento nos dibuja
y el sol nos ilumina,
y vamos por el cielo
camina que camina.

Las estrellas 2)

De noche al cielo
nos asomamos
a buscar a los niños
que tanto amamos.

Carnaval

Hago olvidar
las penas y el mal;
traigo la alegría
soy el...

La nube

Tengo mil formas
y mil colores,
y desde el cielo
riego las flores.

Mi casita

¿Cuál es el lugar bonito
donde vivo feliz
con mis papás
y mis hermanitos?

La llave

Abro y cierro
puertas y candados;
pero, si me pierden,
los dejo encerrados.

La escoba 1)

Estoy escondida
en un rincón,
cuando hay basura
entro en acción.

Mi papá

La reina de mi casa
es... mi mamá.
El que a todos nos manda
es...

La manguera

Desde lejos llevo el agua
para regar el jardín,
pero si tú te descuidas
te puedo bañar a ti.

El bebito

Es travieso y juguetón,
a veces risueño y
a veces llorón.

El jabón 1)

¿Sabes una cosa?
Yo le ayudo al agua
a dejar tus manos
limpias y olorosas.
¿Quién soy?

El reloj 2)

Si me llevas contigo
o estoy en la pared,
cada vez que me miras
te digo qué hora es.

El plumero 1)

Estoy hecho de plumas
de varios colores,
y estoy ocupado
limpiando rincones.

El pan

Si quieres comer sabroso
cómeme calientito y oloroso.

La tortilla

Soy blanca, redondita,
soy muy sabrosa
si estoy calientita.

El carbón

Verde en el monte
negro en la plaza,
coloradito en mi casa.

El paraguas 1)

Cerrado te sirvo de bastón,
y abierto
te libro del chaparrón.

La escoba 2)

Teque, teteque,
por los rincones.
Tú de puntitas,
yo de talones.

La letra O

Soy la redondez del mundo,
sin mí no puede haber Dios,
Papa y cardenales sí,
pero pontífice no.

El cohete

Tito, tito, capotito,
sube al cielo
y pega un grito.

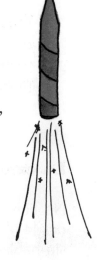

El puente

Caballito de banda y banda
que no come ni bebe ni anda.

La piña

Ventana sobre ventana
y sobre ventana balcón,
sobre el balcón una dama,
sobre la dama una flor.

La lengua 1)

Una culebrita
inquieta y pelada,
que llueva o no llueva
siempre está mojada.

El plátano

Oro no es,
plata no es.
Quítale el ropón
y verás lo que es.

El pato

Puedo nadar,
puedo volar,
sé caminar
y hago cua, cua.

Las tijeras

Dos hermanitas diligentes
que caminan al compás,
con el pico por delante
y los ojos por detrás.

El papel

Crecí en un bosque,
después me hicieron leña
y ahora sobre de mí
puede escribir el que quiera.

Los zapatos 2)

Somos hermanos gemelos,
siempre nos venden por pares
y, si nos llevas contigo,
puedes andar sin pesares.

La carta

No tiene pies y camina
desde lejanos lugares,
sin hablar te da noticias
de amigos y familiares.

La lluvia 1)

Cuando llego, las ranitas
salen del charco a cantar,
y las plantas se alegran
cuando me sienten llegar.

La mosca

Siempre volando estoy,
de color negro soy,
y aunque pequeña
causo mal a donde voy.

La luna 3)

Soy una pelota blanca,
brillando vivo en el cielo
y, como soy caprichosa,
a veces me salen cuernos.

El sombrero

Soy de paja o de petate,
soy de colores o blanco,
y en la cabeza me ponen
cuando pasean por el campo.

La noche

Prepara sus faroles
la luciérnaga amiga,
cantan las ranas,
la luna brilla,
pliegan sus corolas
el manto y la maravilla.

La sombrilla

Visto de algodón o seda,
uso corsé de varillas,
mi puño es muy elegante,
de acuerdo con mis puntillas.

El pañuelo

Soy blanco y cuadrado,
muy limpio y planchado,
pero sólo me pueden ver
si no estoy usado.

La lluvia 2)

En el cielo estuve,
el viento me trajo
a regar las plantas,
que ése es mi trabajo.

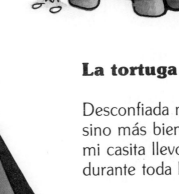

La tortuga

Desconfiada no soy,
sino más bien precavida,
mi casita llevo a cuestas
durante toda la vida.

La escoba 3)

Va por delante de ti
la basura recogiendo
y, aunque no sabe reír,
la chistosa se va riendo.

El vestido

Soy de lana, soy de seda
y de algodón también soy,
niños y grandes me llevan
sobre su ropa interior.

El cartero

Caminando muy de prisa
de casa en casa voy,
llevando alegría o tristeza.
Adivíname, ¿quién soy?

El jabón 2)

Hace espuma
entre tus manos
cuando las frotas
con él.
Y te las deja
muy limpias
para que puedas
comer.

El canario

Vive en jaulita dorada,
come lechuga y alpiste,
nos alegra con su canto
y de amarillo se viste.

El sol 5)

Por el oriente,
cuando amanece,
rubio y alegre
siempre aparece.

El arco iris 1)

Calmó la lluvia,
salió el sol,
y un mensaje de paz
en el cielo brilló.
¿Sabes, niño, quién soy?

Las nubes 2)

Vamos caminando
por el cielo azul,
el viento nos transforma
y nos viste la luz.

El granizo

Puedo romper las plantitas,
puedo quebrar el cristal,
soy blanco y estoy muy frío.
¡No me vayas a tocar!

El cuaderno

No soy árbol y hojas tengo,
no soy niño y puedo hablar,
con lápices y crayones
sobre mí puedes pintar.

El invierno 2)

Días muy fríos te traigo
porque no calienta el sol,
pongo tristes los campos
y a los jardines sin flor.

El huevo

Una cajita redondita,
blanca como el azahar,
se abre muy fácilmente
y no se puede cerrar.

El conejo

En el campo vive,
también en las casas.
Tiene orejas largas
y ligeras las patas.

El ratón

De noche salgo a pasear
y me como lo que encuentro,
y en cuanto escucho un ruidito
al agujero me meto.

El año

Soy rey que impero
en toda nación,
tengo doce hijos
de mi corazón.
De cada uno,
treinta nietos,
que son mitad blancos
y mitad negros.

El plumero 2)

En tu mano voy ligero,
con afán y con presteza,
tirando el polvo y haciendo
de tu casa la limpieza.

El arco iris 2)

Con gotitas de agua
y rayos de sol
me formó el cielo.
¿Sabes tú quién soy?

Los ojos

Somos dos lindos gemelos
del mismo modo vestidos,
morimos todas las noches
y por el día vivimos.

Las estrellas 3)

Muchas lamparitas
muy bien colgaditas,
siempre encandiladas
y nadie las alcanza.

La lengua 2)

Una señorita muy aseñorada,
que siempre va en coche
y siempre va mojada.

La pera

Blanca por dentro,
verde por fuera,
si quieres que te lo
diga, espera.

La araña 1)

En lo alto vive,
en lo alto mora,
en lo alto teje
muy trabajadora.

El caracol

Tamaño de una nuez,
sube al monte
y no tiene pies.

La llave

Chiquita, chiquita
como un ratón,
y guarda la casa
como un león.

El aguacate

Agua pasa por mi casa,
cate de mi corazón;
el que no me lo adivine
es un burro cabezón.

El sol 6)

Dicen que soy rey
y no tengo reino,
dicen que soy rubio
y no tengo pelo,
relojes arreglo
sin ser relojero.

La pelota 1)

¿Qué cosa es
la que no tiene pies,
ni brazos ni piernas
y, sin embargo,
salta, baila y rueda?

El espejo

Con todo detalle
tu imagen refleja,
si por causa alguna
en él te contemplas.

El río

Corro y corro
sin salir nunca
de mi lecho.

El paraguas 2)

Cerrado soy bastón,
abierto soy techo.

La cebolla

Tengo hojitas blancas,
gruesa cabellera,
y conmigo llora
toda cocinera.

La campana

Soy una viejita
que me asomo a una ventanucha,
y se me ve un diente con el cual
llamo a toda la gente.

El limón

Soy verde, redondito,
mi cáscara es amarga
y siempre hacen conmigo
sabrosa limonada.

Ventanas

Las hay en las casas,
en todos los cuartos,
por ellas sol, aire y luz
ha de entrarnos.

La sala

La tenemos siempre
bien arregladita,
porque en esta pieza
entran las visitas.

La luna 4)

Tengo mi carita blanca,
redondita y luminosa,
hago los campos de plata
y las noches muy hermosas.

El árbol

Te doy lindas flores,
te doy rica fruta,
y con mi follaje
atraigo las lluvias.

El semáforo

Tengo un ojo verde
y otro colorado
con el rojo se paran
los coches;
con el verde siguen
caminando.

El anillo

Redondito, redondón,
que no tiene tapa
ni tapón.

El calor

Lo trae la primavera,
lo produce el sol,
y hace que sudemos
a más y mejor.

Alicante

El Rey Alí
con su perro Can
fueron a tomar
té a la ciudad.
¿Qué le he dicho a usted?

La semilla

Soy muy chiquita,
pero de mí
árbol y planta
pueden salir.

Los zapatos 3)

Con piel de becerro,
de vaca también,
hacen los estuches
para tus dos pies.

La mañana

Llego contenta,
tras de la noche,
acompañada
del lindo sol.
Y me saludan
los pajaritos
con dulces trinos
de inmenso amor.

El cochinito 1)

Yo soy tu alcancía.
¿Me quieres llenar?
Y cuando esté bien gordito,
¡zas!, me quebrarás.
¿Quién soy?

Virginia Reina

El cerdito 2)

Soy gordito y rosadito,
de mí sacan el jamón,
la manteca, el chicharrón.
¿Puedes saber quién soy?

Ma. de los Ángeles Nava

El gato 2)

Quien cuida la casa
te lame las manos,
si estoy contento
hago run run.
¿Quién soy?

La luna 5)

Soy blanca,
vivo en el cielo,
de día duermo
y de noche velo.
¿Quién soy?

La araña 2)

Subiendo y bajando,
siempre ligera,
busco un lugarcito
donde hacer mi tela.
Y tejiendo, tejiendo,
haré mi red, y cuando
vea una mosca la atraparé.

La rana

Siempre nado con agrado
y cantando siempre estoy,
soy feliz en mi charquita
y si llueve gracias doy.
¿Quién soy?

La piñata

Soy de barro,
llevo encima
mi vestido de papel,
y si con un palo
me rompen, llueven
frutas a granel.
¿Quién soy?

La pelota 2)

Soy redonda, redondita.
Contigo quiero jugar,
si vas al campo, niñito,
no me dejes de llevar.

El cochinito 2)

Soy muy grande
y rechonchito,
vivo siempre
en el ropero;
me usas como alcancía
para guardar tu dinero.
¿Quién soy?

Diana Cacho

El trompo

Para bailar
me ponen la capa,
para bailar
me la han
de quitar.
Para bailar
me ponen la capa,
sin la capa
no puedo bailar.

El viento

Vuela sin alas,
silba sin boca,
y no se ve
ni se toca.

La laguna

Rizan mis aguas
ligeros vientos,
y muy tranquilo
es mi existir.
Los patos viven
en mí contentos,
y con su charla
yo soy feliz.

94

Otros juegos

Doña Blanca
Hilitos de oro
Arroz con leche
La casa del conejo
Yo soy la viudita
Juan pirulero
Pares y nones
Mi comadre Juana
Tengo una muñeca
¡Que llueva, que llueva!
El patio de mi casa
A la víbora de la mar
Entre todas estas sillas
Acitrón de un fandango
Gallinita ciega
Vamos a la huerta
Al ánimo
El florón
Amo a to
El conejito
Tu, ru, ru, ru
El lápiz
Chu, chu, chu...
Flores y frutas...
A las estatuas
¿Dónde está Anita?
En otoño
La ardillita
La Caperucita
Vamos a ver la granja
El perrito policía
Miguel
Los gitanos
Un animalito
Avanzar
Vuelen palomitas

Doña Blanca

Doña Blanca está cubierta
de pilares de oro y plata,
romperemos un pilar
para ver a doña Blanca.

—¿Quién es ese jicotillo
que anda en pos de doña Blanca?
—Yo soy ese jicotillo
que anda en pos de doña Blanca.

Romperemos un pilar
para ver a doña Blanca.

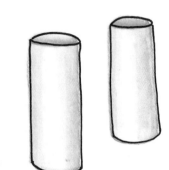

Arroz con leche

Arroz con leche,
me quiero casar
con un mexicano
que sepa cantar.

El hijo del rey
me manda un papel,
me manda decir
me case con él.

Con éste sí,
con éste no.
Con este mero
me caso yo.

Hilitos de oro

—Hilitos, hilitos de oro,
que se me vienen quebrando.
Que dice mi señor amo
que cuántas hijas tenéis.

—Si las tengo o no las tengo,
no las tengo para dar,
que del pan que como yo
mis hijas lo comerán.

—Ya me voy muy enojado
por las puertas del palacio,
que las hijas del rey
no me las quisieron dar.

—Vuelva, vuelva, caballero,
no sea tan descortés,
de las hijas que yo tengo
escoja la más mujer.

—Ésta me llevo
por linda y hermosa,
que parece una rosa
acabada de cortar.

—No me la siente en el suelo,
siéntemela en un cojín,
que las hijas que yo tengo
son hijas de un gachupín.

La casa del conejo

Es la casa del conejo,
y el conejo no está aquí;
ha salido esta mañana,
y no ha vuelto por aquí.

¡Ay! ¡Ay! ¡Ay! ¡Ay!
El conejo ya está aquí,
escoge a la niña
que te guste más a ti.

Yo soy la viudita

—Yo soy la viudita
del conde Laurel,
y quiero casarme
y no encuentro con quién.

—Pues siendo tan bella
no hallaste con quién,
elige a tu gusto
que aquí tienes cien.

—Elijo a esta niña
por ser la más bella,
la blanca azucena de todo,
de todo el jardín.

—Y ahora que hallaste
la prenda querida,
feliz a su lado
pasarás la vida.

—Contigo sí,
contigo no,
contigo, viudita,
me casaré yo.

Juan pirulero

Éste es el juego
de Juan pirulero,
que cada quien
atienda a su juego.

Pares y nones

A pares y nones
vamos a jugar,
el que quede solo,
ése perderá.

Mi comadre Juana

Mi comadre Juana
andaba en un baile,
que lo baile, que lo baile,
y si no lo baila,
le doy castigo de agua.

Que salga usted,
que la quiero ver bailar,
saltando, bailando,
las patas al aire.

Por lo bien que lo baila la moza,
déjela sola, sola en un baile,
que la quiero ver bailar.

Tengo una muñeca

Tengo una muñeca
vestida de azul,
zapatitos blancos,
delantal de tul.

La llevé a la calle
y se me constipó,
la tengo en la cama
con mucho dolor.

—Brinca la tablita,
yo ya la brinqué.
—Bríncala de nuevo,
yo ya me cansé.

¡Que llueva, que llueva!

¡Que llueva, que llueva!,
la virgen de la cueva.
¡Que llueva, que llueva!,
la virgen de la cueva.
Los pajaritos cantan,
las nubes se levantan.
¡Que sí, que no!,
que caiga un chaparrón.
¡Que sí, que no!,
que cante el labrador.

El patio de mi casa

El patio de mi casa
es particular,
se llueve y se moja
como los demás.

Agáchense
y vuélvanse a agachar,
las niñas bonitas
se vuelven a agachar.

Chocolate, molinillo,
corre, corre que te pillo.
Estirar, estirar,
que el demonio va a pasar.

Dicen que soy,
que soy una cojita,
y si lo soy,
lo soy de mentiritas.

Desde chiquitita
me quedé, me quedé
algo coja de este pie,
de este pie.

Entre todas estas sillas

Entre todas estas sillas
hay una que ocuparé,
y si no me pongo listo
sin ella me quedaré.

Magdalena Rocha

A la víbora de la mar

A la víbora, víbora
de la mar, de la mar,
por aquí pueden pasar;
los de adelante corren mucho
y los de atrás se quedarán,
tras, tras, tras, tras.

Una mexicana
que fruta vendía,
ciruela, chabacano,
melón o sandía.

Verbena, verbena,
jardín de matatena;
verbena, verbena,
la virgen de la cueva.

Campanita de oro,
déjame pasar
con todos mis hijos
menos el de atrás,
tras, tras, tras.

Será melón, será sandía,
será la vieja del otro día,
día, día, día, día.

Acitrón de un fandango

Acitrón de un fandango,
zango, zango, sabaré,
sabaré de farandela,
con su triqui, triqui, tran.

Por la vía voy pasando,
por la vía pasa el tren,
acitrón de un fandango,
zango, zango, sabaré.
Sabaré de farandela,
con su triqui, triqui, tran.

Al ánimo

Al ánimo, al ánimo,
que se ha roto la fuente.
Al ánimo, al ánimo,
mandadla componer.
Al ánimo, al ánimo,
que no tengo dinero.
Al ánimo, al ánimo,
nosotros lo tenemos.
Al ánimo, al ánimo,
de qué es ese dinero.
Al ánimo, al ánimo,
de cáscaras de huevo.
Al ánimo, al ánimo,
pasen los caballeros.

Gallinita ciega

—Gallinita ciega,
¿qué se te ha perdido?
—Una aguja y un dedal.
—Busca por ahí, por allá,
en el matorral.

El florón

El florón está en las manos,
en las manos del señor,
al que no me lo adivine
se le parte el corazón.

¡Ábrete, granada!,
si eres colorada;
¡ábrete, membrillo!,
si eres amarillo;
¡ábrete, limón!,
si tienes corazón.

Vamos a la huerta

Vamos a la huerta
de toro, toronjil,
a ver a Milano
comiendo perejil.

Milano no está aquí,
está en su vergel
abriendo la rosa,
cerrando el clavel.

Mariquita, la de atrás,
que vaya a ver
si vive o muere,
si no, para correr.

Amo a to, matarili lirilón

—Amo a to, matarili lirilón.
—¿Qué quiere usted?, matarili lirilón.
—Yo quiero un paje, matarili lirilón.
—Escoja usted, matarili lirilón.
—Yo escogo a (*nombre del niño*), matarili lirilón.
—¿Qué oficio le pondremos?, matarili lirilón.
—Le pondremos (*zapatero, carnicero, etc.*), matarili lirilón.
—Ese oficio no le gusta, matarili lirilón.
—Le pondremos (*otro oficio*), matarili lirilón.
—Ese oficio sí le gusta, matarili lirilón.
—Que se meta a la cazuela
para darle chicharrón,
y a las doce de la noche
nos daremos un sentón.

El conejito

Tengo un conejo obediente,
te lo voy a presentar,
cuando le pido una cosa
me la trae a mi lugar.

Acela Martínez

El lápiz

Este juego es divertido
y a todos nos va a gustar,
con un lápiz en la mano
uno por uno ha de girar.
Si la música termina
y el lápiz contigo está,
tendrás que pasar al centro
para ponerte a bailar.

Rosario Roldán de A.

Chu, chu, chu...

Chu, chu, chu, este trenecito,
chu, chu, chu, quiere caminar,
chu, chu, chu, cuando lo detengo,
chu, chu, chu, tiene que parar.

Esperanza García Conde

Tu, ru, ru, ru

Tu, ru, ru, ru,
tu, ru, ru, ru,
ru, ru, ru,
al mar a (*nadar, pescar, remar...*)
me voy.

Flores y frutas...

Una rosa (*clavel, orquídea, etc.*)
es una flor. (*Se repite.*)
Una flor
de (*rojo, amarillo, etc.*) color. (*Se repite.*)
La manzana (*melón, naranja, etc.*)
es una fruta. (*Se repite.*)
Una fruta
de (*dulce, amargo, ácido, etc.*) sabor.
(*Se repite.*)

Esperanza García Conde.

En otoño

En otoño las hojitas
de los árboles se caen;
viene el viento, las levanta
y se ponen a (*brincar,
saltar, correr, rodar, etcétera.*)

Esperanza García Conde

La ardillita

Ya te estoy mirando,
ardillita, ardillita,
ya te estoy mirando
y a cogerte voy.

Si quieres cogerme,
corre, corre, corre, corre,
porque no es muy fácil
poderme atrapar.

Carmen Ramos

A las estatuas

A las estatuas de marfil,
una, dos y tres, así;
el que se mueva
baila el (*twist, jarabe, etc.*).

¿Dónde está Anita?

¿Dónde, dónde,
dónde está Anita? (3)
En el campo
ha de estar.
Vengan, muchachos,
vamos a buscarla. (3)
En el campo
ha de estar.
Cogiendo bellotas,
llenando su canasta. (3)
En el campo
ha de estar.

Popular U.S.A.

La Caperucita

La Caperucita le tiene que llevar
a su dulce abuela mantequilla y pan.
Anda, Caperuza, le dice su mamá,
por el bosque espeso tienes que pasar,
pero Caperuza se puso a jugar
y, al llegar, el lobo la quiso atrapar.

Refugio Lomelí

Vamos a ver la granja

Vamos a ver la granja,
¡qué bonita es! (*Se repite.*)
La vaquita hace así:
Mu, mu ... (*Se repite.*)

El perrito policía

El perrito policía
es un perro dormilón,
no despierta aunque
muy cerca,
le toquemos el tambor.

Miguel

Miguel, Miguel, Miguel,
la vuelta es a la derecha.
Miguel, Miguel, Miguel,
la vuelta es al revés.

Jos Wytag

Los gitanos

Así bailan los gitanos
con los pies y con las manos,
dando vueltas al revés,
un, dos, tres.

Vuelen, palomitas

Vuelen, palomitas,
salgan de viaje,
el que no se abrace
se queda de guaje.

Esperanza García Conde

Un animalito

Un animalito
va a venir aquí,
será un perrito,
será un gatito,
será, ¿qué será?

Carmen Ramos

Avanzar

Avanzar,
trácata, trácata, trácata, tra.
Hacia atrás,
tréquete, tréquete, tréquete, tre.
A la derecha,
tríquiti, tríquiti, tríquiti, tri.
A la izquierda,
trócoto, trócoto, trócoto, tro.
En su lugar
trúcutu, trúcutu, trúcutu, tru.

Ercilia Calvo

Cuentos, fábulas y leyendas

Cuentos

Plis y Plas
los tres cochinitos
Los tres gatitos
Niños aseados
El ratón de los dientecitos
Pim y Pum
El reloj
Pedrito, el marranito desaseado
Lo que me contaron mis
  zapatos
Dientín de los dientes sucios
Por qué gritan los vidrios
Aire y sol
El guajolote presumido
Las hermanas gotitas
Los anteojos del abuelo cerdo
El zapatero y los duendes
Cuento de primavera
La niña y el rosal

Amigos
Los lápices de colores
El gato y los tres perros
Los rayitos del sol
Tata Chema
Justo castigo
Por la buena o por la mala
Historia de un grillo
Dos buenos corazones
Un amigo de verdad
El niño que escapó de su casa
Greñitas
La hechura de un hombre
Francisco decide quedarse
  con Sultán
Ayudando al muchacho malo
Salvada por su fiel perro
Enrique cambia de idea
Hormigas que llevan paraguas

El obsequio del muchachito
  negro
La trágica lección que
  aprendió Juanita
Una visita inesperada
Obedeciendo con placer
Vendedor de periódicos
Salvado por un oso
Mi patrón siempre está
Una niña valiente
De raza de pastores
Los males de la señora Ratina
El elefante
El león y el perrito
El hueso de la ciruela
Dos camaradas
El pajarito vanidoso

Fábulas

El patito pelusilla
El asno y el cerdo
El jumento enjaezado
El burro músico
El ratón de la ciudad y el
  del campo
El gallo y la perla
Los dos asnos: uno cargado
  de esponjas y otro de sal
Todos somos necesarios

I. El león y el ratoncillo
II. La paloma y la hormiga

El lobo y la cigüeña
La mosca y la hormiga
El lobo, la cabra y el cabrito
El caballo y el asno
El perro que suelta la presa
La paloma
La oruga
El hijo desobediente
Las caricias del burro
Castigo justo

Un pastor bromista
El ratón y el gato
El león y el mosquito
el cuervo y el zorro
El sapo, la rana y el buey
El interés
Las orejas de los conejos
El zapato de un pobre
Los caracoles
La torta de pan
El campesino y sus hijos
La rana y la zorra
El puente de las hormigas

Leyendas

Leyenda purépecha del mago
del tambor
La leyenda del zempoalxóchitl
Leyenda del fuego
Leyendas sobre las flores:
    El aciano
    El crisantemo
    La anémona
    La rosa de Jericó
    El pensamiento
    La rosa
Las aves eligiendo rey
El palomo y la urraca
La garza, el gato y la zarza

Los animales en las leyendas
sudamericanas:
    El rey de los guanacos
    El urutaú
Leyendas del indio con el
tigre
El pozo de santa Keyne
Las doncellas de Biddenden
Historias de la Edad Media:
    El hijo que cumplió su
    obligación
    Alejandro y el pirata
    El triunfo del
    conquistador
    El invitado al festín

Leyendas de las estrellas:
    Una leyenda californiana
    Orión, el gigante del
    cinturón resplandeciente
    El Can Mayor
    Una numerosa familia
    La Osa Mayor
    Las Pléyadas
    Hércules con su maza
Leyendas de la ciudad de
México:
    Leyenda de doña Beatriz
    La orgullosa señora que
    dio un salto mortal en
    las calles de la ciudad
    La mujer herrada

Plis y Plas

—Mira, mamá, son unas chinelas en forma de conejo —dijo Miguel al destapar uno de los muchos regalos que recibió el día de su cumpleaños y, acto seguido, se las puso y no quiso quitárselas en todo el día.

—Pienso que tuvimos suerte de que nos escogieran en la zapatería —dijo Plis—, de seguro que Miguel es un niño muy bueno.

—No —dijo una voz triste debajo del ropero.

Plis y Plas se asomaron y vieron unas botas sucias con las agujetas rotas, que eran las que habían hablado.

—¿Por qué dices eso? —preguntó Plis—, con nosotras se portó muy bien.

—Eso hace al principio con todos sus zapatos, y lo hizo con nosotras también, pero apenas se nos acabó el lustre nos tiró, en lugar de bolearnos, por eso parecemos tan viejas... y sólo tenemos dos meses de haber salido de la zapatería.\

—Creo que no hemos sido tan afortunadas como pensamos —exclamó Plis casi llorando, pues estaba imaginando que sus orejitas de conejo serían arrancadas.

—No llores —le consoló Plas—, ya verás cómo nos las arreglaremos.

Y Plas, que parecía abogada, decidió unirse a los zapatos para ir al lado de Miguel y encabezados por Plis, fueron a despertarlo.

Medio dormido, y como entre sueños, oyó el pequeño una vocecita:

—En vista de que tratas tan mal a tus zapatos, hemos decidido irnos hasta que aprendas a cuidarnos y nos arregles y bolees bien. Volveremos cuando cambies.

A la mañana siguiente Miguel despertó y buscó sus chinelas: no las encontró; buscó sus zapatitos negros y no los halló; a sus botitas tampoco, y entonces fue cuando se acordó de la voz que había escuchado. Enojado se dijo a sí mismo: "Para demostrarles que no me importa, voy a andar descalzo."

Así se fue a la escuela, y llegó tarde porque casi no podía caminar, pues las piedrecitas del camino se le encajaban y le impedían correr.

Al llegar la noche, Miguel estaba con los pies adoloridos y vio con sorpresa que extrañaba terriblemente su calzado.

—Ojalá tuviera aquí mis zapatos —dijo llorando.

En ese momento pasó un ratoncito por ahí y, al escuchar el llanto de Miguel, fue a decirles a Plis, a Plas y a los demás zapatos lo mucho que los extrañaba su dueño. Todos juntos decidieron volver al lado de Miguel quien, al despertar a la mañana siguiente, vio a los pies de su cama sus hermosas chinelitas; se las puso feliz y, abriendo su buró, encontró sus botitas y sus zapatitos negros; con cuidado los boleó muy bien, hasta que parecieron espejos.

Miguel ahora es el niño que más cuida sus zapatos, y Plis y Plas son las chinelas más felices.

Carlota Langer

Los tres cochinitos

Hace mucho tiempo, había tres cochinitos que, uno por uno, salieron por el mundo a probar fortuna.

El primero, a poco caminar, encontró a un hombre que guiaba un carro cargado de paja.

—¿Sería tan amable que me diese un poco de su paja? —le dijo el cochinito, y, habiéndola recibido, con ella se construyó una choza.

Habitaba en aquellos contornos un viejo lobo quien, al ver el apetitoso lechón, resolvió prepararse con él una opípara cena.

Al caer la tarde, el marrullero lobo se encaminó a la casita de paja y, cuando hubo llegado a la puerta, gritó:

—Cochinito, ¿se puede pasar?

Reconocióle el cochinito por la voz y le contestó:

—No, no, porque me vas a matar.

—Sí —añadió el lobo—, pues a fuerza de resoplidos echaré tu casa al suelo. Soplaré, bufaré y tu casa tiraré.

Dicho esto, se puso a dar bufidos con tal fuerza que la cabaña se vino abajo. Saltó entonces sobre su amedrentada víctima y se la llevó a su casa encerrándola en un gran cajón.

El segundo lechón encontróse con otro hombre que llevaba varios palos. El cerdito le dijo:

—¿Quieres darme algunos de esos palos para poder levantar una chocita?

—De mil amores —replicóle el hombre.

Se alejó el animal llevando los palos que le obsequiaran, y con ellos construyó una linda cabañita.

Cuando fue de noche, se acercó el lobo a la puerta y dijo en voz alta:

—Cochinito, ¿se puede pasar?

—No, no, porque me vas a matar —respondió el puerquito al igual que su hermano.

—Sí —añadió furioso el lobo—, pues a fuerza de soplidos te echaré abajo la casa. Soplaré, bufaré y tu casa tiraré.

Dicho esto, se puso a dar bufidos con tal fuerza que la cabaña se cayó por los suelos. Inmediatamente se llevó al asustado cochinito y lo encerró con su hermano en el gran cajón.

Mas el tercer cochinito se había levantado con la cabeza muy despejada aquella mañana en que emprendió el viaje. Caminito adelante se encontró a un hombre que llevaba un camión cargado de ladrillos.

—¿Sería tan amable de regalarme unos cuantos ladrillitos para hacerme una casita? —preguntó al conductor.

—Con mucho gusto —le respondió el interpelado.

Después de recibirlos y dar las gracias, se alejó el cochinito con sus ladrillos y, con muchas ganas de trabajar construyó una casita.

Al poco rato llegó el viejo lobo y llamó a la puerta.

—Cochinito, ¿se puede pasar?

—No, no, porque me vas a matar.

—Sí, pues te echaré la casa abajo. Soplaré, bufaré y la casa tiraré.

Pero la casa era de ladrillos y por más que soplaba el lobo, la casa se mantenía completamente firme.

Después de mucho esfuerzo, el lobo se marchó muy enojado y agotado, pero al rato volvió, ya con calma.

—Cochinito —le habló el lobo con tono zalamero—, conozco un campo al final de la vereda en donde crecen verdes y jugosas coles, si no te molesta vendré a buscarte por la mañana para mostrarte el camino.

Apenas despuntó el día, salió el lobo de su vivienda. Cuando llegó a la casa del cochinito le preguntó:

—¿Estás listo?

—Muy tarde llegas, señor lobo —le contestó el cochinito—, hace ya una hora regresé de ese campo; te estoy muy agradecido, pues las coles estaban riquísimas.

Avergonzado, el lobo no quiso darse por vencido y así, al otro día se dirigió a la casa del cochinito.

—Buenos días, amigo —le dijo el lobo—, ¿no sabes que esta tarde hay una feria en el lugar? Ven conmigo y verás cómo nos divertiremos, a las tres en punto estaré aquí.

El cochinito no respondió nada, pero apenas sonaron las dos y media ya iba camino arriba. Entonces vio al lobo a lo lejos. Rápido como un relámpago se metió en un barril, empujándolo hacia abajo. Rodaba el barril con tal velocidad que, al divisarlo el lobo, sin pensar más en el cochinito, corrió como una flecha a esconderse en su guarida. Luego que recuperó la serenidad se puso en camino hacia la casa del cerdito; cuando llegó se sentó en la ventana y se puso a charlar con él.

—Figúrate que, cuando en la tarde yo venía por ti, me encontré una cosa rara que corría cuesta abajo y me aterrorizó.

El cochinito soltó una carcajada, y como no dejaba de reírse, el lobo acabó montando en cólera. Entonces, el cochinito contó todo al lobo y éste, preso de ira, se propuso entrar a la casa deslizándose por la chimenea. Como el cochinito preparaba una suculenta sopa y había puesto a hervir agua en una enorme olla, el lobo cayó dentro de ella.

Mientras esto sucedía, el cochinito trabajador fue por sus hermanitos, los sacó del cajón donde los había encerrado el lobo y, muy contentos, regresaron los tres a la casita de ladrillos.

El lobo, en el caldero de agua hirviente, daba tales aullidos que lo dejaron ir y nunca más volvió por esos lugares.

Los dos cochinitos flojos, que quisieron acabar su casa sin esfuerzo, aprendieron a ser trabajadores como su hermano menor y desde entonces vivieron muy felices, libres de las emboscadas del lobo.

Los tres gatitos

Había una vez una gata que tenía tres hijitos de los cuales dos eran gatitas y uno era gatito, se llamaban, Mimí, Lulú y Roro. Amaban mucho a su mamá y ella también los quería porque eran muy buenos y se portaban bien. Les gustaba ir al colegio, así es que en tiempo de lluvia no les importaba mojarse, sino que iban felices bajo el agua y cuando llegaban hacían todo lo que su profesora les decía: recortaban, iluminaban, jugaban con plastilina.

Cuando llegaban de la escuelita en donde estudiaban, ayudaban a su mamá en

los quehaceres de la casa. Si había que lavar, lavaban la ropa y, mientras tanto, Mimí exclamaba:

—Me gusta lavar.

Y Roro decía:

—A mí me gusta jugar con la espuma.

Así jugaban Roro y Lulú, hasta que miles de burbujas volaban por el aire.

Luego, en las recámaras, Mimí hacía las camas, Roro barría los pisos y Lulú sacudía los muebles, mientras les decía a sus hermanitos:

—Dense prisa, para que cuando venga mamá encuentre la casa tan brillante como un espejo.

Al regresar mamá gata del mercado, encontró la casa muy limpia lo cual le dio mucho gusto, y los premió con caramelos.

Un día estaban en la cocina lavando los platos, empezaron a jugar con ellos y, claro está, los rompieron, y no conformes con haber hecho esta travesura, se pusieron a jugar con las bolas de estambre que tenía mamá en el cesto de costura, y por supuesto, las enredaron.

Cuando llegó mamá gata y vio lo que los gatitos habían hecho, los regañó y les dijo que iban a ir a la cama sin cenar, pero Mimí pidió que los perdonara y prometió que ya no volverían a travesear. Como era tan buena, mamá los perdonó y luego les dio de merendar.

Contentos y arrepentidos, los tres gatitos a la cama se fueron. Todos cumplieron su promesa y nunca más volvieron a causar disgustos a su mamá. Desde entonces fueron unos gatitos buenos y obedientes.

Niños aseados

Había una vez un pequeño pueblo en donde se veían muchas casitas pintadas de varios colores, pero allí nadie estaba alegre, porque las personas que vivían en él eran muy sucias y sus calles, los jardines y hasta sus hogares estaban siempre llenos de basura.

A pesar de esto, no todas las personas de este pueblito eran desaseadas, los niños al asistir a la escuela habían oído decir a la maestra que la limpieza era la mejor amiga que podían tener; también ella les aconsejó no tirar los papeles y las cáscaras en el suelo porque producirían accidentes entre las personas que caminaran por las calles al sufrir peligrosos resbalones, y colocó un cesto para que, en lugar de arrojar la basura en el suelo, la pusieran allí.

Los niños, al llegar a sus casas, contaron a sus mamás lo que les había platicado su maestra, y también procedieron a limpiar y poner un cesto en sus hogares quedando las casas mucho más bonitas y, por supuesto, limpísimas.

Pero las calles y jardines todavía estaban muy sucios. Los niños pensaron que, si se ponían basureros en ellos y en todas las demás casas, se podría mantener la limpieza de su pueblito, y sería el más limpio y arreglado de la comarca.

Pronto consiguieron los botes necesarios, los pintaron y colocaron en los jardines y en cada calle, enseñándole a toda la gente a respetarlos y a no tirar basura en el suelo.

Así, estos niños tan pequeños pudieron volver aseados a los vecinos, con lo que su pueblito se convirtió en el más bonito y alegre.

Ana Ma. Marhx Alcázar

El ratón de los dientecitos

Al filo de la medianoche se puede observar a un ratoncito, de brillantes ojos negros, que se dedica a depositar regalos en cada lugar donde encuentra un dientecito que algún niño ahí le ha dejado.

Durante esta temporada ha tenido bastante y duro trabajo, debido a que han perdido sus dientes Horacio, Elena, Graciela y Tomás, y muchísimos niños más.

A veces, trabaja hasta el amanecer y dice que no es fácil tarea, porque tiene que transitar por largos senderos y atravesar extensos valles para poder llegar a los hogares de los chiquitines.

Sin embargo, siempre se le ve alegre y contento cargando una gran bolsa que, por su peso, le hace dar pasos muy pequeñitos al escalar la verde colina.

La ratona quiere obsequiar a sus hijitos largos y hermosos collares, pero para hacerlos necesita que le traiga muchos dientecitos su esposo el ratoncito.

Éste, cuando se encuentra cansado, se acerca a la orilla de la laguna y mete sus cortas patitas en las tranquilas aguas. Ahí se siente feliz, tratando de atrapar dos o tres estrellas de las que se reflejan en la superficie.

Cuando ya se retira, encuentra a la rana la cual lo saluda; al caminar otro poco se topa con su amigo el grillo quien desea acompañarlo, pero el ratoncito le dice que no porque puede despertar a los niños con sus agudos chirridos.

Sigue andando y cruza por varios pueblos al parecer sin cansarse. Atraviesa por las calles y se introduce en varias puertas sin equivocarse; a los niños buenos les deja sus regalos bajo la almohada y va recogiendo los dientecitos.

Para poder subir a las alcobas de los pequeños que duermen en pisos altos, siempre cargando al hombro con su gran bolsa, le sirven como escaleras los helechos y enredaderas.

La única que acompaña todas las noches a nuestro amigo, es la luna que alumbra su tarea a través de los cristales de las ventanas.

Mientras tanto, mil sueños coronan a los niños, pero cuando ellos despierten encontrarán monedas, dulces o bonitos juguetes que al buen ratoncito le gusta obsequiar.

Pim y Pum

Les voy a contar la historia de dos conejitos llamados Pim y Pum.

Son ya las siete y los dos perezosos están aún en la cama. Mamá coneja los despierta. Mientras Pum, medio dormido aún, se frota los ojos, la madre sacude las largas orejas de Pim para despertarla. Pum tiene ganas de seguir durmiendo, pero hay que ir a la escuela y si continúan flojeando pueden llegar tarde.

Después de que Mamá coneja los ha despertado, ellos rápidamente se levantan y se dirigen al baño a hacer su aseo, porque son muy limpios. No le tienen miedo al agua ni al jabón. A su mamá le agrada mucho eso, sobre todo que se bañen bien. Nunca olvidan cepillarse los dientes. Es fácil ver por sus caritas sonrientes que les agrada estar aseados. Su mamá les ha enseñado que sólo así son niños lindos.

Acabando de arreglarse, bajan al comedor en donde su mamá ya les tiene listo su desayuno, consistente en ricas frutas, jugos y su caliente y sabroso chocolate. Casi olvido decir que también beben un vaso de leche fría.

Cuando han terminado su desayuno, salen corriendo de su casa. Pronto tocará la campana de la escuela anunciando el inicio de las clases. Pim y Pum, con los útiles bajo el brazo, se acercan a la escuela.

Los dos conejitos perezosos han tenido que correr. El señor grillo los mira divertido, y con un aire burlón les da los buenos días. Pim y Pum vuelven la cabeza para contestar el saludo, pero no les hace gracia que se ría de ellos. Después de esto, corriendo, corriendo, han llegado apenas a tiempo. Luego de entrar al salón, con toda corrección saludan a su profesor y se sientan muy quietecitos. Al poco rato el maestro toma la lección a sus alumnos.

—A ver, Pum, ¿cuáles son los colores del arco iris?

Como Pum no ha estudiado, el muy pícaro, pide ayuda con los ojos a su hermanita. Ella quiere ayudarlo, pero tiene que hablar tan bajito que Pum no alcanza a escucharla. Sin duda que para la próxima vez sí se sabrá la clase para no sufrir la vergüenza que siente al no poder contestar.

Al terminar las clases, corren a casa, pues mamá coneja ha cocinado, tanto para ellos como para papá conejo, unos platillos riquísimos: sopa de verduras, pan blanco y tierno; además, aquí les trae un rico plato de zanahorias, el favorito de los dos conejitos golosos. Papá y mamá conejo los miran comer con alegría. Cuando acaban, se levantan porque saben muy bien que es hora de preparar los deberes para el día de mañana.

Pim y Pum tienen un hermoso cuarto de estudios, es alegre y con mucha luz, mamá coneja les ha puesto ahí una percha para la ropa y un lindo paragüero. Pim está escribiendo cuidadosamente en su cuaderno de clase, mientras Pum estudia bien las lecciones, pues no quiere que vuelva a pasarle lo de hoy por la mañana.

Ansiosos por ir a jugar, acaban rápidamente su tarea y comprueban que esté correcta. Luego, salen a elevar un papalote de colores que papá conejo les ha hecho. Por fortuna hay viento y es fácil remontarlo. El papalote sube y sube, parece llegar hasta el cielo. Los vistosos colores brillan al sol y se ven aún más bonitos contra el azul del firmamento. Es una suerte que hayan puesto tanto hilo al juguete, porque así sube hasta casi alcanzar las nubes.

Después, Pim y Pum se han ido a pescar al río que corre cerca de la casa. De pronto, Pum dice a su inquieta hermanita:

—No hagas ruido, Pim, porque parece que ya pican.

En ese momento, ¡qué hermoso pescado! Pum se ha puesto contento. Ahora está convencido de que es un gran pescador. Pim lo admira y, cuando vuelven a casa, mamá coneja se alegra del resultado de la pesca.

Después de haber jugado toda la tarde, ya oculto el sol, muy quietecitos escuchan a la abuela coneja que les lee un cuento. Los conejitos ya están empezando a sentir sueño y le dan las buenas noches a la abuela y a sus papás. Son las ocho y es la hora en la que todos los niños deben dormir.

Pim y Pum se meten en sus camitas, ponen la cabeza en la almohada, se tapan bien y a soñar con papalotes, pescados, cuentos de la abuela y, sobre todo, que cumplen con sus obligaciones escolares.

El reloj

Son las ocho de la mañana. La pequeña Alicia abre los ojos y se sienta en la cama. Después, mira a Lilí, su muñeca, que sigue durmiendo, y le dice:

—Es hora de levantarse, mira cómo nos sonríe el sol desde la ventana.

Ahora Alicia y Lilí se han acabado de bañar y, como son las nueve, bajan a desayunarse. En el comedor las está esperando la mesa puesta. Se sientan, y Alicia bebe con apetito su vaso de leche. Todo le gusta: el pan con mantequilla, las manzanas frescas y su avena. Es una niñita sana y come con apetito.

Van a dar las diez, Alicia lleva a pasear a su hermano. Recorren el parque para respirar aire puro. Esto hace bien a los niños. El parque está bañado de sol, es una mañana luminosa y clara.

Regresan a su casa a las once, pues es necesario preparar la comida. Alicia va a la cocina, se pone un delantal limpio y sujeta sus cabellos con una mascada. Es una buena cocinera.

Más tarde, a la una en punto, da de comer a su muñeca: la toma en sus brazos y le convida de su sopa.

Son las tres de la tarde. Se dispone a estudiar un poco el abecedario; además, hace pequeñas cuentas en el pizarrón, pero a las cuatro se reúne con su hermanito Pablito para ir al parque. Todo es bonito allí.

Han sonado las seis, Alicia y su hermano se han divertido con los juguetes de ella, porque es buena y los presta con gusto.

Hay que bañarse antes de cenar y ya son las siete.

—¡Qué lindos son el agua, el jabón y luego secarse! —dice Alicia a Pablito.

Después de ese bañito, el reloj marca las ocho de la noche. Los hermanos cenan, ya con sus piyamas puestas, y muy pronto estarán en el país del sueño.

Rodolfo Dan

Pedrito, el marranito desaseado

Pedrito Cochinito era el marranito más bonito que había nacido en el país de los animales, pero era tan desaseado que se veía horrible. Sus orejitas eran suaves y de color rosado, parecían forradas de seda, pero con tanta tierra perdían su color y su brillo presentando muy mal aspecto.

Mamá Cochinita sufría viendo a Pedrito tan descuidado; unas veces le rogaba que se aseara, otras le reprendía con dureza y lo castigaba, sin conseguir que Pedrito obedeciera, pues decía que odiaba la toalla, el jabón y el agua.

Llegó el tiempo en que Pedrito tuvo que ir al colegio, y su madre lloró al ver que ni el hociquito se limpiaba después del desayuno, sino que salía de casa como siempre sucio y descuidado.

Pedrito encontró en la calle a una gatita muy limpia, de pelo brillante y moño azul en la cabeza. Se disponía a saludarla cortésmente, pero Monina al verlo se pasó a la otra acera temiendo que le ensuciara el moño. Pedrito sintió tristeza de pronto, pero se alejó levantando los hombros y diciendo:

—Qué me importa que Monina no quiera ir conmigo, iré solo más contento.

Al llegar a la escuela se encontró a sus compañeros ya en clase, bien sentados, trabajando con mucho agrado. Tenían la carita limpia, sus trajes sin una sola arruga y las uñas perfectamente recortadas. Pedrito entró y sintió sobre él todas las miradas. Llamaba la atención que estuviera tan desaseado.

Todos lo veían horrorizados y pensaban que nunca podrían jugar con un compañero tan sucio como Pedrito Cochinito. Éste, empezó a sentir que sus orejitas ardían de vergüenza y que los ojos se le llenaban de lágrimas. Se sintió muy solo y con ganas de llorar. Sin decir nada salió de la clase. Atravesó la calle pensativo y se propuso firmemente cambiar su manera de ser.

—Desde hoy seré un cochinito aseado. Quiero ser el alumno más limpio de la ciudad —dijo Pedrito.

Al otro día él mismo se bañó y limpió esmeradamente, al grado que parecía otro marranito, porque su pelo era brillante, sus orejitas sonrosadas igual que sus patitas y hociquito, sus ojos estaban alegres. Caminaba con ligereza que antes no tenía. Parecía que su cuerpo era de terciopelo con orejitas de seda.

Llegó a la escuela y todos lo abrazaron y fueron muy buenos amiguitos. Gritaban en patios y salones de la escuela que Pedrito Cochinito era el más limpio y bonito.

Lo que me contaron mis zapatos

Había una vez un niño muy rico que tenía mamá y papá que le querían mucho y le consentían con exceso.

Pepito era descuidado, cuando ya no deseaba usar los zapatos los rompía o los cortaba. Una vez escuchó que unos choclitos de charol que iba cortar le decían:

—No nos maltrates, te vamos a contar nuestra historia, es muy triste. Deja tus tijeras y escúchanos.

El niño era muy curioso y se interesó por saber la historia, dejando inmediatamente las tijeras para oír lo que uno de los zapatos le iba a contar.

—Era yo una vaca muy hermosa que daba mucha leche. Los niños la tomaban con agrado, la que sobraba la hacían queso y mantequilla. Pero una vez enfermé, nadie pudo curarme y tuve que morir. Entonces desprendieron de mi cuerpo la piel y ¡qué dolores! Todavía recuerdo cómo sufrí. Llevaron la piel a la curtiduría; primero me pusieron en agua con unos ácidos para lavarme, luego me azotaron para dejarme limpia, me pegaron tanto que perdí el sentido. Cuando me recobré ya estaba convertida en lustroso charol. Luego me llevaron al almacén, donde estaban otras pieles tan finas como yo.

Pasaron los días. Vino un hombre mal vestido, pidió una piel y me tocó el turno. Sentí miedo al verlo, pero qué iba yo a hacer. Me llevó a su casa, que era fea, llena de recortes de piel sucios y feos, también había charoles tan buenos como yo. Lo peor fue cuando aquel hombre me puso sobre la mesa y, con unas tijeras grandes, me comenzó a cortar para hacer estos choclitos tan bonitos que todos los niños veían con muchas ganas de que fueran suyos.

Sólo deseaba que un niño cuidadoso me comprara. Uno que fuera limpio y arreglado para que siempre me llevara muy brillante y reluciente. Ya ves, me compraste tú, pero no me cuidas, me maltratas y me quieres cortar. Date cuenta de todo lo que he sufrido, por cuántas cosas he pasado.

El niño se arrepintió y no volvió a destrozar sus zapatos. Y desde ese día cuidó los choclitos negros que iban a desaparecer.

Dientín de los dientes sucios

Me contaron una vez que en un pueblo, cerca de aquí, vivía un niño llamado Dientín con su papá y su mamá. Este niño aparentemente era muy aseado. Se lavaba sus manos antes de cada comida, se bañaba, se peinaba, limpiaba sus zapatos y procuraba no ensuciar su trajecito. Pero, ¿saben lo que había olvidado? Lavarse sus dientes y por eso los tenía excesivamente sucios.

Dientín era muy cariñoso y sucedió que un día, después de salir de la escuela, vio en un jardín muchas flores de lindos colores y suaves perfumes. Al verlas tan frescas y tan bonitas se acercó para besarlas. Qué sorpresa llevó al ver que las florecitas cerraban sus pétalos y se agachaban cuando él se acercaba.

Muy triste, Dientín se fue a casa preguntándose por qué sería que las florecitas se habían portado así con él, y decía para sus adentros:

—Yo me baño, lavo mis manos... no sé por qué, no sé por qué, me pasa esto... —se repetía desconcertado.

Hasta que a la hora de comer, como de costumbre, se levantó para tomar una manzana, pero al disponerse a comerla se le escapó de las manos y ¡pas!, se cayó al suelo, rodando hasta quedar lejos del niño.

—Qué tonto soy —dijo Dientín, al mismo tiempo que tomó una pera.

Y cuál sería su sorpresa al ver que la pera también se le escapaba de las manos, sin haberla probado siquiera.

Ya un poco disgustado por el hambre, cogió otra manzana, se subió las mangas de su camisa y dijo:

—Ésta sí que no se me escapa.

La manzana se movía y trataba de escaparse, pero no podía porque él la tenía muy bien cogida, y al ir a comerla oyó una vocecita asustada que le decía:

—No me comas, por favor.

—¡Ay! —gritó Dientín al mismo tiempo que cogía otra pera, dejando escapar la manzana. Ésta también se alejó del niño.

Asustado, dejo también la pera y se fue corriendo a su cuarto, triste y pensando por qué le pasarían esas cosas.

Al llegar a su alcoba se acostó en su camita. Empezaba apenas a dormirse cuando sintió que sus dientes y muelas le dolían un poco. Se quedó quieto y, en seguida, oyó unas vocecitas que decían:

—Mira cómo nos tiene Dientín de sucios —dijo uno.

—Fíjate —respondía otro— que a mí ya se me están aflojando mis raíces.

—Y yo qué diré —se oyó más lejos—, que a mi cuerpo se le está haciendo un agujerito que me molesta mucho.

—No, no es justo —repitieron a coro—, nosotros molemos la comida que come Dientín para que no le haga daño y miren él cómo nos tiene de sucios.

—Yo propongo —dijo la muela más grande— que molestemos mucho a Dientín y él, al sentir el dolor tan fuerte, irá a ver al dentista y éste con sus pinzas nos sacará a todos, y así ya no sufriremos más por estar tan sucios.

—No —contestaron los dientes gemelitos de enfrente—, nosotros proponemos esperar otro día para ver si Dientín se corrige; porque, si no, al comer no podrá masticar y le hará daño.

Como todos los dientes y muelas eran muy buenos, aceptaron la proposición de los gemelitos y guardaron silencio.

Dientín, que había estado escuchando todo, sin esperar más se levantó de su cama y, a toda prisa, fue al baño. Tomó el cepillo y le puso pasta, después se cepilló los dientes de abajo hacia arriba y de arriba hacia abajo, sus muelas se las limpió con movimientos rotatorios, procurando que entre cada diente y cada muela no quedara ningún pedacito de comida.

Luego se enjuagó la boca con bastante agua, haciendo sentir a sus dientes frescos. Lavó su cepillo y lo guardó. Qué bonitos y blancos habían quedado sus dientes. Estaba así pensando frente al espejo cuando oyó la voz de su mamá que lo llamaba a merendar. Después de lavarse las manos, se sentó a la mesa y le dio gusto ver que la comida ya no se le escapaba.

Al terminar de merendar se fue a lavar los dientes y, al otro día, al pasar por el jardín le dio alegría al ver que las flores ya no se cerraban frente a él.

Desde ese día Dientín fue muy feliz; además de bañarse, lavarse y peinarse, lavaba sus dientes hasta dejarlos limpios y brillantes.

María de los Ángeles Ortiz

Por qué gritan los vidrios

Érase una vez una casa deshabitada. Vivía triste porque estaba sucia y todo lo que había en ella extrañaba la mano de una ama de casa que la pudiera poner bonita y aseada.

Los más tristes eran los vidrios que se encontraban sucios y empañados. Cuando llovía, el agua apenas salpicaba sus caritas dejándolos más feos aún, se diría que habían llorado y este pensamiento los llenaba de pena.

Una tarde, en que se encontraban tan tristes como de costumbre, vieron una nube de polvo muy cerca, pero no encontraron a alguien que barriera, regara y arreglara decentemente la calle.

Todos se pusieron más tristes; pero, de pronto, el vidrio de la ventana más alta lanzó un grito de alegría.

¡Amigos, amigos, una gran noticia! No era solamente una nube de polvo lo que hemos visto, es nada menos que un elegante coche y desde aquí distingo a las tres personas que lo ocupan. Es una niña acompañada, seguramente, por sus padres. ¡Qué alegría, por fin estaremos limpios!

La casa tenía una puerta que era muy pesimista, ella no creía en las palabras del vidrio, pero tuvo que convencerse cuando vio descender del coche a la familia. Después, con una gran llave la abrieron de par en par y vio entrar velices y más velices de diferentes tamaños.

La alegría de todos creció cuando oyeron decir a la pequeña:

—Mamacita, esta casa está terriblemente sucia. Ayúdame y lavaremos pisos, puertas y ventanas. Quedará tan hermosa que nadie podrá reconocerla.

En efecto, mientras el papá clavaba los barrotes despegados y arreglaba las ventanas descompuestas, la pequeña Chabelita y su mamá aseaban toda la casa.

Por fin, llegó el turno de los vidrios. Mucha agua y mucho jabón, precisamente lo que necesitaban. Fue tal su emoción al verse limpios, que cuando la niña los empezó a secar con un pedazo de papel no pudieron contenerse y con grandes gritos de alegría daban gracias a Chabelita.

Igual pasó con los espejos. Al terminar de limpiarlos la niña vio con sorpresa que cada uno de ellos la reflejaba perfectamente. Esto fue porque, habiéndose puesto de acuerdo, decidieron que siempre que se les tuviera limpios reflejarían con gusto la imagen de las personas.

Desde entonces así es, y si quieres oír como gritan de alegría los vidrios, cuando los laves sécalos con un periódico y te convencerás.

Margarita Castrillón

Aire y sol

En el pueblo de las Maravillas, vivía un niño llamado Roberto. Estaba pálido y siempre triste, encerrado en su habitación.

Un día llegó a este pueblo el señor Aire, haciendo lo que acostumbra: quitó sombreros, despeinó cabelleras e hizo saludar a los árboles.

Cuando llegó la noche, Roberto se fue a dormir con la ventana cerrada, como siempre. En ese momento oyó al señor Aire que se quejaba porque quería entrar; golpeaba contra la ventana y le decía:

—¡Buuuuuuuu!, déjame entrar.

—No —dijo el niño—, a mí no me gusta el aire.

—Tienes razón, pero no tengas miedo; soy peligroso cuando soplo con excesiva fuerza, entonces soy un huracán o un ciclón, y puedo derribar casas, tejados, árboles y paredes, pero ahora vengo con otras intenciones, soplo suavemente, con frescura y te haré mucho bien. Entraré a tus pulmones, inflándolos como dos globitos de colores, y así me podrás respirar puro y saludable.

Al oír esto, Roberto abrió la ventana y el aire entró lentamente haciéndolo sentirse muy bien.

Ahora, todas las mañanas para aspirarlo mejor, abre sus bracitos en cruz y parándose sobre las puntas de sus pies eleva sus manos lentamente, al mismo tiempo que hace entrar el aire fresco por su naricita, cuidando de mantener su boca cerrada, porque sabe que muchos animalitos que andan en el aire, llamados microbios, aprovechan cuando los niños abren la boca para colarse en su cuerpo y así, introduciéndose, pueden producir graves enfermedades.

Desde entonces, Roberto y el señor Aire se hicieron muy buenos amigos. Éste jugaba quitándole su gorra con una ráfaga y devolviéndosela con otra. El niño hacía aeroplanos que el aire elevaba jugando con ellos.

Pasó el tiempo y Roberto, en su pieza, pensaba que se estaba haciendo grande y fuerte. Una mañana, estando ahí, penetró un rayito de sol y le dijo:

—Deja entrar a mi papá el sol, sube las cortinas.

—No —dijo el niño—, a mí no me gusta el sol.

—Por eso estás pálido —dijo el rayito—; si dejas entrar a mi papá te pondrás sano y fuerte, iluminará tu habitación y te calentará.

Roberto subió las cortinas y el sol esplendoroso pudo entrar, besando la carita del niño, que se puso sonrosado como una manzana.

Desde ese día, el aire penetró siempre por la ventana abierta para dar su frescura a Roberto, y por las mañanas entraba el sol a iluminar la carita del pequeño.

Su habitación, de ser fría y oscura, se volvió alegre, aereada y calientita gracias a la visita de sus dos amigos el sol y el aire, que lo hicieron ser un niño juguetón y alegre, que hizo la felicidad de cuantos lo rodeaban.

María Elena Ávalos J.

El guajolote presumido

Había una vez un corral muy grande, en el que había cerdos, gallinas, pollitos, patos, gansos y un guajolote. Todos los animales se querían mucho entre sí, pero el guajolote no quería a nadie y decía que él era el mejor animal de todos ellos.

Todas las mañanas salía a dar la vuelta por el corral caminando despacito y con la cabeza muy derecha como si fuera un rey. Una mañana que andaba dando la vuelta, se encontró a la gallina a quien, por desgracia, se le había caído todo el maíz de su canastita. La señora gallina al verlo le dijo:

—Buenos días, señor guajolote, mire lo que me ha pasado; por favor, ayúdeme a levantar mi maíz.

—Pero, señora gallina, ¿cómo quiere que le ayude yo?, tendría que agacharme y mis plumas se pueden ensuciar con la tierra, además yo soy el más importante aquí y no puedo ayudar a nadie.

Acabando de decir esto, dio media vuelta y siguió su paseo; la pobre gallina tuvo que levantar sola todo el maíz.

Al poco tiempo, un día que el señor guajolote estaba tomando el sol sentado en una silla muy bonita, oyó una voz que le decía:

—Señor guajolote, señor guajolote, ayúdeme usted.

Era el señor cerdo, que estaba encerrado en su corralito y se le había salido su comida: unas mazorcas amarillas y sabrosas, y por más que estiraba su trompita no las podía alcanzar.

—Señor guajolote, señor guajolote —repetía el señor cerdo—, lo único que le pido es que empuje tantito mi comida hasta donde yo la alcance y pueda cogerla.

—Pero, señor cerdo, ¿cómo quiere que le ayude a usted? Al empujar su comida me ensuciaré, además ahora estoy sentado y, como soy el animal más importante de aquí, no puedo ayudar a nadie.

Pasó el tiempo, y un día, dando su paseo matinal, se encontró a todos los animales que venían en su busca.

—Señor guajolote, señor guajolote, lo andamos buscando, vamos a hacer una fiesta y quisiéramos que usted llevara los globos para adornar el salón.

—¡Qué barbaridad! Pero, ¿cómo voy a llevar los globos yo? Debían de hacer la fiesta en mi honor, y gracias me deben de dar si voy, ya que soy el animal más importante de este corral.

Así vivía el señor guajolote, sin hacer nada, ni ayudar a sus compañeros del corral, y siempre sintiéndose muy importante.

Un día, después de un fuerte aguacero, se paseaba el señor guajolote. El suelo había quedado muy mojado y como él caminaba tan derecho y estirado no vio un enorme charco que estaba frente a él y, al seguir caminando,... ¡plof!... se cayó, y se le llenaron sus plumas de lodo y quedó muy sucio. Pero lo peor de todo fue que no podía salir, pues con el lodo resbalaba y le era imposible hacerlo, y al ver que no podía conseguirlo empezó a gritar:

—¡Ayúdenme, ayúdenme, que no puedo salir!

Al oír tanto ruido y los gritos, salieron los animales y el guajolote les dijo:

—No se queden ahí parados y ayúdenme a salir.

A lo que los animalitos contestaron:

—Yo no te puedo ayudar porque tú no me ayudaste a levantar mi maíz —dijo la señora gallina.

—No, yo tampoco —dijo el señor cerdo—, yo no te ayudaré pues un día no quisiste empujar mi comida.

—No, no podemos ayudarte —dijeron a coro los animales—, recuerda que tú nunca has querido hacer nada, ni ayudarnos a nosotros.

—No lo volveré a hacer —contestó el guajolote. que seguía en el charco—, les prometo que de hoy en adelante les ayudaré en todo y a todos.

—¿No seguirás creyéndote el animal más importante de todo el corral? —preguntó un patito amarillo que se encontraba junto a mamá.

—No, no, ahora todos seremos iguales.

—¿Lo prometes? —preguntaron.

—Sí, sí, lo prometo.

Y después de que lo sacaron del charco todos los animales, el señor guajolote cambió y todos los días ayuda a sus vecinos que, como él, viven en el corral.

Desde entonces son muy felices.

Margarita Roa González

Las hermanas gotitas

Las hermanas gotitas formaban una familia numerosa. Unas vivían en el mar, otras en un río, algunas habitaban un hermoso lago, había muchas que corrían escondidas bajo la tierra y otras más que vivían alegres en las fuentes, en los arroyitos y en los charcos que la lluvia dejaba sobre el suelo.

De la mañana a la noche se entregaban las gotitas a sus ocupaciones y era de verse con qué gusto desempeñaban sus faenas.

Las hermanitas tenían bien repartido su trabajo; regaban el jardín y los campos, daban de beber a los animales, mecían las barquitas en el mar y en el lago, movían las ruedas de algunos molinos y caminaban dentro de las tuberías para llegar a las regaderas y bañar a los niños todas las mañanas.

Las gotitas cantaban, saltaban, eran muy alegres, muy risueñas, estaban siempre listas para ayudar a todos, ir a donde las llamaran para dejar todo limpio.

Tenían muy hermosos vestidos; cuando las visitaba el sol, brillaban como si su vestido fuera de diamantes; si el cielo estaba azul, se retrataba en ellas y parecían tener vestidos color del cielo, y por las noches, cuando salían la luna y las estrellas, las gotitas del mar, del lago, de las fuentes y de los charcos parecían llevar una túnica bordada de luz.

Como eran buenas, tenían muchos amigos, y, un bello día del mes de junio, los rayitos del sol y los vientos las invitaron para ir de paseo.

Algunas, calentadas por los rayos del sol, se vistieron de gasa y subieron hasta formar, allá arriba, una hermosa nube. Los vientos soplaban y la nubecita caminaba muy de prisa. Qué contentas iban las gotitas y cuántas cosas vieron desde la nube. Se elevaron tanto que todas las cosas se veían chiquititas, las casas parecían de muñecas, los automóviles corrían como juguetes de cuerda, los caballos tenían el tamaño de ratoncitos y los niños que salían de la escuela parecían enanitos vestidos de colores.

Las gotitas hubieran deseado que nunca terminara su paseo, pero había llegado la tarde y los rayitos del sol tuvieron que desaparecer para ir a dormir.

Tan pronto como se fueron los rayitos, empezaron las gotitas a sentir frío y los rayitos del sol, al irse, también se habían llevado la luz. Ellas se pusieron a llorar muy afligidas porque estaban lejos de su casa, había llegado la noche y se sentían muy solas.

Pobres gotitas, ¿dónde irían a dormir? Cuando estaban más angustiadas oyeron a lo lejos el rumor de una dulce canción... guardaron silencio y escucharon la voz de un gran lago extendido abajo de ellas que, al oírlas llorar, las invitaba a pasar con él la noche, cantando así:

Ven gotita de lluvia,
yo te puedo dormir,
el rumor de mis ondas
va a cantar para ti.

En mis aguas tranquilas
blando lecho tendrás,
y a la luz de la luna
tú de plata serás.

Ven gotita, ven acá,
muy tranquila duerme ya...

Las gotitas volvieron a estar alegres, bajaron al lago una tras otra formando hilitos de lluvia, y durmieron tranquilas, arrulladas por las ondas y plateadas por la luz de la luna.

Sylvia Rodríguez D. Othemard, 1955

Los anteojos del abuelo cerdo

La gallina blanca de patitas amarillas había salido a dar la vuelta. Se acercó a la casa en que vivía el abuelo cerdo y se sorprendió al ver las cortinas bajadas y la puerta cerrada. Todo estaba muy tranquilo.

—Vamos, vamos —dijo la gallina blanca, y siguió andando hasta que llegó a la puerta. No se veía a nadie.

—Abuelo cerdo, ¿está usted ahí? —preguntó ella.

Una voz desapacible y áspera contestó:

—Sí, gallina blanca, aquí dentro estoy y no sé cuánto tiempo tendré que estar aquí, porque he perdido mis anteojos.

—¿Ha perdido sus anteojos? ¿Dónde? —preguntó la gallina blanca.

—No podría decirlo; los llevaba puestos cuando salí a dar mi paseo por la mañana, pero al volver me quité la gorra verde para ver el agujero de la llave y ya no los tenía. Ahora no puedo salir de mi casa.

—Cuánto siento lo que ha pasado, abuelo cerdo, pero usted podría salir y echarse mientras yo los busco.

—¿Salir yo?, ¿sin mis anteojos?, ¿cómo podría ser eso? De ninguna manera, y no volveré a salir hasta que ellos aparezcan —respondió el abuelo cerdo dando un gruñido para demostrar que no estaba de buen humor.

—Pues voy a buscarlos —dijo la gallina blanca.

Y, anda que te anda, con sus patitas amarillas, fue de un lado a otro. En tanto, el abuelo cerdo esperaba en su casa con las cortinas bajadas y la puerta cerrada.

...Y la gallina blanca buscaba y buscaba... y nada encontraba; cuando regresó a decírselo al abuelo cerdo, él le dijo:

—Si mis anteojos no aparecen, haga el favor de ir a decirlo a mis nietos, ellos los buscarán con gusto.

La gallina blanca de las patas amarillas, anda que te anda, se fue a casa de la señora cerdita y sus cerditos.

—El abuelo cerdo ha perdido sus anteojos —les dijo— y no podrá salir de su casa hasta que los encuentre.

—¿Ha perdido sus anteojos? Y, ¿dónde los perdió? —preguntaron la señora cerda y sus cerditos.

—No sabe. Los tenía puestos cuando salió a dar la vuelta en la mañana, pero cuando volvió a casa y se quitó la gorra verde para ver el agujero de la llave, ya no los tenía. Él quiere que lo ayuden a encontrarlos.

—Nosotros iremos a buscarlos —dijeron los cerditos y fueron a un lado, fueron a otro y se cansaron, pero lo anteojos no aparecieron. La señora cerdita pensó entonces: "El guajolote anda todo el día por todas partes y en las noches duerme en los árboles, yo creo que él podría encontrarlos".

Anda que te anda fueron la señora cerdita, los cerditos y la gallina blanca a buscar al guajolote y, al encontrarlo, le dijeron:

—El abuelo cerdo ha perdido sus anteojos y no podrá salir de casa hasta que los encuentre.

—Vaya, vaya —dijo el guajolote—, y ¿dónde los perdió?

—No sabe dónde —respondieron, platicándole lo sucedido.

—Haré todo lo que pueda por encontrar los anteojos —dijo el guajolote y anda que te anda, buscó ya en un lado, ya en otro, pero no los pudo encontrar.

—Allá va la golondrina —dijo uno de los cerditos—, va comiendo mosquitos y siguiendo a una nube de esos animalitos. Ella sube muy alto y ve muchas cosas, pudiera ser que ella los encontrara.

Anda que te anda, corre que te corre, fueron la gallina blanca, la señora cerdita y los cerditos con el guajolote, y al ver a la golondrina le platicaron lo ocurrido. Ella escuchó con atención y exclamó:

—¡Qué triste!, yo sé los lugares por donde más le gusta pasear al abuelo en las mañanas —dijo la golondrina—, volaré muy bajo por esos lugares y también alto para encontrarlos.

Vuela que te vuela, se fue la golondrina. Buscó con sus penetrantes ojos y con todo su ánimo, pero los anteojos no aparecieron.

La gallina blanca recordó entonces, así de momento, y dijo:

—Si alguien pudiera encontrarlos, creo yo que sería el perrito hijo del perro color de chocolate.

Anda que te anda, corre que te corre, vuela que te vuela, fueron todos a ver al perrito. Cuando estuvieron frente a él:

—Perrito —le dijeron—, el abuelo cerdo ha perdido sus anteojos y no podrá salir de casa hasta que los encuentre.

—Pobre abuelo cerdo —dijo el perrito—, y ¿dónde perdió los anteojos?

Todos contestaron:

—Nadie lo sabe —y le contaron lo sucedido.

—¿El abuelo cerdo sale muy lejos cuando va a pasear por las mañanas? —preguntó el perrito—. Mi amigo, el niñito, ve más que yo, pero él no está aquí, y yo buscaré y buscaré los anteojos. Ahora que recuerdo creo que yo sé donde están, porque esta mañana anduve jugando con ellos.

Sobre sus patitas, tropezando a ratos, corrió el perrito por el camino hasta llegar donde estaban los anteojos. Volvió pronto, pronto, trayendo en su hociquito los anteojos que nadie encontraba.

—Bien sabía yo que el perrito los encontraría —dijo la gallina blanca—, porque sus ojos ven lo que los otros no pueden ver.

—No digas eso, gallina —dijo el perrito—, porque quien ve más es mi amiguito Benito. Yo hice lo que pude. Vamos todos a darle la buena noticia al abuelo de que sus anteojos ya están aquí.

Anda que te anda, corre que te corre, vuela que te vuela, iban la gallina, la señora cerdita, los cerditos, el guajolote, la golondrina y el perrito. A una voz todos ellos, con gran alegría, dijeron:

—Abuelo cerdo, el perrito ha encontrado tus anteojos y ya podrás salir a la luz y venir con nosotros.

Entonces, el abuelo cerdo, abrió un poquito la puerta y cogió los anteojos, pero cuando los tuvo en las manos dijo:

—Yo oigo un silbido, oigo chiflar.

No pasó mucho tiempo sin que llegara Benito, el niño amigo del perrito, y le platicaron lo ocurrido.

El abuelo dio las gracias y todos los animales rieron. Luego, vuela que te vuela, corre que te corre, anda que te anda, todos se fueron a su casa.

El zapatero y los duendes

Había una vez un zapatero viejecito que estaba tan pobre que sólo tenía un pedazo de piel de color rojo para hacer los zapatitos de una niña. Por la noche cortó los zapatitos y como estaba muy cansado se fue a dormir.

A la mañana siguiente se levantó muy temprano y se sentó a trabajar, pero vio con gran sorpresa que en su mesa de trabajo estaban los zapatitos ya terminados. El viejito pensaba y pensaba: "¿Quién habrá hecho estos zapatos?" Estaban tan bien cosidos y bonitos que no terminaba de admirarlos.

Entró una señora y, como viera el calzadito tan hermoso, lo compró pagándo-

selo muy bien al zapatero, quien feliz fue a comprar otra piel que le alcanzó para hacer cuatro pares.

Como la vez anterior, el viejecito cortó los zapatos y los dejó en la mesa de trabajo. Al otro día al ir a concluirlos vio con sorpresa que ya estaban cosidos y acabados tan bien hechos como los que había vendido el día anterior. Poco rato después entraron unas señoras quienes, al ver los zapatos tan primorosos, los compraron. Con el dinero de la venta adquirió más piel y llegando a su casa cortó más pares. Fue a ver a su esposa y muy contento le contó lo que le pasaba. La viejecita le aconsejó que esa noche se quedaran detrás de la cortina de su humilde taller con el fin de ver quién era la persona tan buena que les ayudaba.

Así lo hicieron y, cuando el reloj dio las doce de la noche, vieron entrar a unos duendecillos vestidos de color azul con sus largos gorros amarillos. Los duendecillos brincaron a la mesa, cogieron los zapatos que apenas estaban cortados y se pusieron a coserlos hasta terminarlos. Todo lo hacían tan aprisa que en un momento terminaron un par, luego otro, hasta que estuvieron listos todos los pares que había dejado el maestro. Después los acomodaron sobre la mesa y, alegremente, salieron corriendo de la casa, mientras que el viejecito y su mujer se iban a dormir felices y contentos.

Como el zapatero los vendió con la misma facilidad que los anteriores, tuvo el dinero suficiente para hacer mejoras en su negocio y formar un capital. La viejecita agradecida le dijo a su viejito:

—Creo que debemos hacerles un regalo a los duendecillos, pues han sido muy buenos con nosotros.

—Sí, sí —contestó el anciano—, yo creo que deben tener frío pues no traen ni abrigo ni mantos.

Contestó la viejecita:

—Yo les voy a hacer uno para cada uno.

—Yo también —dijo el viejecito— les voy a hacer unos zapatitos.

Y diciendo y haciendo se pusieron a trabajar.

Cuando ya tenían toda la ropa y los zapatitos concluidos en su mano, en vez de dejar cortes, como otras veces lo habían hecho, colocaron los regalos sobre la mesa y se escondieron detrás de la cortina.

Al dar las doce de la noche en el viejo reloj entraron los duendecillos pero esta vez no se encontraron los cortes sin terminar, sino sus preciosos regalos, los desenvolvieron y al verlos pusiéronse a brincar de gusto y a gritar alegremente:

—¡Ya no vamos a tener frío!

Y al verlos tan guapos con esa ropita, salieron los viejitos de detrás de las cortinas y les dieron las gracias a los duendes por los anteriores favores recibidos, al mismo tiempo que los duendes se despedían muy agradecidos.

Desde ese tiempo no les ha faltado nada al zapatero y a su esposa, ni ropa a los duendecillos, y todos han sido muy felices.

Hermanos Grimm
(Adaptación)

Cuento de primavera

La primavera ha llegado a estos campos, mustios y pardos, y los recorre al despuntar el día. La primavera sonríe; su sonrisa, llena de luz, da nueva vida a la tierra.

Volando sobre el campo, la primavera descubre un capullo, oscuro y grueso, que cuelga de la rama de un árbol, y que, con la brisa matinal, se mece como si fuera una campanita.

No era nada bonito el gusano que tejió ese capullo en otoño, y que desde entonces se metió allí para dormir.

Ahora la primavera siente compasión por el gusano, pues piensa que no ha visto la tierra engalanada con el verdor de la hojas y el variado color de las flores. Por eso va diciendo a las semillas:

—Semillita, buena semillita, despierta; hay que hermosear la tierra para que el gusano, ¡pobrecito!, la conozca engalanada y se alegre. ¿Me quieres ayudar?

—Sí, sí —responden las semillas—. Ya hemos dormido demasiado, nuestras casitas están calientes y la lluvia ligera que tú trajiste las ha humedecido. Queremos salir; la frescura de la brisa nos acariciará.

Y las semillas, rompiendo su vestidura, echan hacia afuera sus nuevas hojitas. Con ellas se empieza el adorno de los campos. Así, una alfombra tiñe de verde el llano y las colinas, y los perfuma. Pero el gusano sigue durmiendo.

—Si duerme más, si no rompe su capullo a tiempo, morirá —dice la primavera—. Arroyo, arroyito saltarín, ¿quieres ayudarme a despertar al gusano?

—Sí, te ayudaré; aunque no me gustan los gusanos, sino las libélulas y las mariposas —responde el arroyo y, haciendo un gran esfuerzo, rompe el hielo que lo aprisiona aún, y sus aguas corren y cantan. Pero el gusano sigue durmiendo.

La primavera, ansiosa, dice a los árboles y a las plantas:

—Árbol, echa brotes nuevos; planta, cúbrete de hojas. De este modo los pájaros volverán y nos ayudarán a despertar al gusano.

Las plantas, la hierba y los árboles, presurosos, se visten de hojitas tiernas, y los pájaros que habían emigrado, huyendo del invierno, vuelven.

Un pajarito que todavía no sabe nada de las cosas del mundo, vuela y vuela, travieso y feliz, y así descubre el capullo que cuelga de la rama de un árbol.

—¿Qué será? —se pregunta y curioso, se acerca y lo golpea con el pico: toc, toc, toc... Pero en seguida temeroso se aleja.

El gusano despierta, se mueve dentro de su estrecha morada, se estira y advierte que durante su largo sueño ha estrenado un nuevo vestido. ¡Hay que salir para que todos vean el traje nuevo!

El capullo se rompe, y cuando el pajarito vuelve, lo encuentra vacío. ¿Quién habitaba allí?

Cerca, prendida en una rama, una bellísima mariposa, con movimientos lentos, suaves, delicados, empieza a extender sus alas, finas como la seda, y pronto se echa a volar. Los pájaros, las plantas, la hierba, los árboles y el arroyo la contemplan con admiración.

—¡Qué hermosa! ¡Qué hermosa! —exclaman una y otra vez—. ¿De dónde ha venido esta belleza?

—¿Nadie la conoce? —pregunta la primavera—, es el gusano que estaba en el capullo oscuro y que entre todos hemos logrado despertar.

Sí, todos saben que ayudaron a sacar de su escondite aquella hermosura y, contentos, sienten por eso una honda felicidad.

La niña y el rosal

Aquel rosal no sólo tenía rosas muy bellas, aunque escasas, sino que hablaba muy bien. ¿Quién dice que las flores no saben hablar? ¡Pues sí que hablan!, y yo entiendo todo lo que dicen. Les voy a platicar cómo es que sé el lenguaje de las flores.

Cuando yo era chiquitita, más aún que ustedes, mis padres invocaron al Hada de la Naturaleza y le dijeron:

—Tú, que eres una buena hada, que haces a las niñas tus ahijadas, unas hermosas, otras inteligentes, otras dulces y buenas, concédele a nuestra hija un don preciado.

—Sí —exclamó el Hada de la Naturaleza—, a esta niña de quien seré madrina, voy a concederle un don especial; sabrá entender el idioma de las flores.

Y así es como entiendo lo que las flores hablan, y por eso pude oír las palabras del rosal que les platico, un rosal, ¡imagínense no más!, solito a pesar de gallardo y florecido, en medio de un antiguo prado donde escarbaban, como en un corral, pollos y gallinas.

—Quiero contarte mi historia —me confió el rosal cuando yo, acudiendo a sus quejas porque un gallo picoteaba sus verdes y contadas hojas, asomé la cara por entre la verja de su casa y quedé contemplando la triste condición en que se hallaba.

—Quiero contarte mi historia —repitió—; seré breve y llano para no resultarte tedioso. Ya sé cómo es ridículo hablar de uno mismo, pero sólo por el interés que has mostrado por mí, y porque veo que sabes entender nuestro lenguaje, es porque me atreveré a platicarte los pasajes sobresalientes de mi vida, lo mismo los alegres que los angustiosos y tristes. Como se dice: de todo un poco.

Yo era la verde y tierna rama de un rosal primoroso, plantado en la glorieta de cierto parque hermosísimo. Un día, manos amables me desgajaron y me llevaron hasta la tierra negra y húmeda, olorosa a hojas secas, de una pequeña maceta, donde siendo objeto de muchos cuidados, fui creciendo y desarrollándome.

Frente a mí, frente a la maceta donde me hallaba, había otros rosales también en sus macetas. Todos los días muy de mañana y al caer la tarde, nuestra dueña, una dama muy gentil, nos regaba con agua tan deliciosa, o más, como aquella que, durante la temporada de lluvias, nos caía del cielo.

Fui creciendo casi sin sentir, y cuando menos lo pensé era ya un rosal como aquél del cual había sido desprendido como «pie» frágil. Entonces creí llegado el momento de hacerle presente a mi dueña todo el agradecimiento que, palpitando en mi verde savia, sentía por ella.

Bien recuerdo aquella mañana de primavera que exclamó llena de alborozo, al acercarse a mí: "¡Vengan a ver mi rosal; qué lindo botón tiene y qué color más hermoso!"

A los dos días mi botón de cariño se abrió en una gran rosa de pétalos color rojo escarlata.

Cuando ella vio abierta ya la flor de mi ternura, tomándome del tallo, dio a la rosa un beso que la hizo ponerse más roja de vergüenza y a mí estremecerme todo desde la raíz hasta la última de las hojas, igual como si el viento, soplando de improviso, hubiera agitado mi fresco follaje.

Ahora, amiguita mía —dijo el rosal—, vamos a hacer un paréntesis para platicarte lo que le pasó a la bella rosa que, como una ofrenda, quise regalarle a mi señora...

Fue tanto el gusto que le dio ver aquella flor, que, sin detenerse mucho, corrió al interior de la casa y regresó con unas tijeras; entonces la cortó de mi tallo. Mucho sentí que así me lastimara... Creí perder la vida y a punto estuve de doblegarme para ya no alzar las ramas jamás. En cuanto a la rosa, mi rosa, que también era suya, de pronto sintió un desmayo y yo creí verla caer sobre mis ramas, con sus pétalos deshechos.

Nuestra señora, pues lo era de la rosa y seguía siéndolo mía, besó otra vez el escarlata de la flor y la colocó en un búcaro de su tocador. Mucho la alivió sentir su tallo humedecido por el agua en que se bañaba, refrescándola y alimentándola.

El momento más emocionante de la rosa fue cuando descubrió su belleza reflejada en el espejo del tocador. Entonces le pareció el mundo suyo y quiso vivir así siempre, asomando al espejo su satisfecha presencia de suaves pétalos escarlata, mas...

Pocos días duró su vanidad. Se le iba aminorando la existencia y cuando secos sus pétalos se encogieron en sí mismos o fueron cayendo uno a uno, el ama la quitó del búcaro y... la arrojaron a la basura.

Un día que bien recuerdo, pues quedó grabado en mi corazón, llegaron unos hombres hasta el corredor donde estaba con mis compañeros y con ellos y con

nuestras macetas nos llevaron, dentro de un camión de carga, hasta un jardín amplísimo, de calzadas arenosas y sombreadas, un lugar casi tan placentero y atractivo como el jardín donde transcurrió mi infancia. Allí nos plantaron a todos.

¡Qué hermosa nos pareció la existencia entonces, libres, henchidos de céfiro, de luz, de agua! ¡Cuán llenas de encanto nos parecieron las noches, en que, para distraer nuestros ocios, contábamos las estrellas; y los mil rumores del jardín llegaban hasta nuestras corolas y en ellas se apagaban como en una blanda alfombra!

¡Con decir que cierto huele-de-noche que, en su estrecha maceta, era mi vecino de antes y permanecía hecho un nudo, ni crecía, ni florecía, fue en la nueva casa, su raíz clavada en la tierra rica de abonos, como un pebetero que embriagaba con sus aromas y le hacía competencia al cielo, reventando en miles de florecitas blancas!

Por lo que a mí toca, quiero decirte que cuando recibía a diario y en abundancia mi ducha deliciosa, ganas sentía de arrancarme a la tierra y, en mis ramas todas, ponerme a bailar una danza de las rosas. Así había inventado lo que podía llamar mi baile.

Era un rosal bonito que, desde la reja que da a la calle (esa misma donde ahora asoma tu carita bondadosa, curioseando por mi suerte) oía los comentarios de las personas que pasaban. Les encantaban las rosas que, en casi todas mis ramas, ofrecía gallardamente. Y mis compañeros y amigos no eran menos admirados. He oído en el lenguaje de los hombres, pues yo lo entiendo, como tú comprendes el de nosotros las flores —me dijo el rosal—, que no hay mal que dure cien años... Yo puedo decirte al revés: no hay dicha que dure cien días...

Una mañana oí que las flores del jardín se platicaban unas a otras muy alarmadas. Lleno de curiosidad y sobresalto me estiré cuanto pude y paré mis hojas a fin de escuchar las palabras que murmuraban y supe la verdad: la bella casa, con el espacioso jardín que era su orgullo, iba a ser vendida; el jardinero, nuestro amigo, que tanto cuidaba de nosotros, se iría de allí...

¿Qué iba a ser de nuestras vidas?

¡Mira, gentil amiga!, que compadeces mi presencia solitaria, admirada de verme, en medio de tanto descuido, floreciendo mis rosas escarlata. Mira para todos lados... ¡Éstos son los restos del jardín maravilloso! Yo vivo pendiente de lo alto, mis hojas, mis ramas, mis rosas implorando una gotita de agua celeste; pues aquí no hay otra agua que la servida a las gallinas.

Desde entonces viendo morir uno a uno a mis antiguos amigos y compañeros, mis espinas han crecido y se han multiplicado, y gracias a ellas, existo todavía. Y continúo dando rosas. Las ofrendo, si no tan encarnadas y fragantes, sí con toda mi voluntad de rosal resignado.

La gente cuando pasa, como ahora tú, frente a la reja que da a la calle, comenta mi soledad y se admira, ahora más, de que siga leal a mi destino de florecer en rosas.

Niña, ya conoces mi historia. No te compadezcas de mí, cuando al pasar frente a la verja, me veas lleno de rosas. Salúdame con un buen deseo en tu pensamiento.

Luis Audirac

Amigos

Por un bosque muy espeso iba caminando una hermosa niña llamada Isabel. Tenía unos lindos ojos azules y su cabello era color negro azabache.

Iba pensando en lo bonito que sería que todos los animalitos del bosque se llevaran bien cuando, de pronto, oyó el quejido de un animal y comenzó a buscar atrás de los matorrales; un gran susto se llevó al ver un león que, llorando, precipitadamente salía a su encuentro.

—¡Auxilio, auxilio! ¡Un león! —gritó Isabel iniciando una rápida huida.

—No te asustes —le dijo el león sin poder contener el llanto—, no voy a hacerte ningún daño, soy un león bueno, pero todos los demás animales del bosque me tienen miedo y nadie quiere ser mi amigo —y entre ahogados sollozos exclamó—: Y estoy ¡tan triste!, que por eso lloraba.

Entonces Isabel lo consoló diciéndole que algún día podría probarles a los demás que era bueno y valorarían su amistad.

—Me lo has demostrado, pues no me hiciste ningún daño —agregó Isabel—. ¡Vamos! Te invito a jugar un rato.

Así, juntos se fueron corriendo a través del bosque...

Pasaron los días y, en cierta ocasión, don Conejo iba saltando mientras decía:

—Un brinquito, dos brinquitos, tres para llegar a mi casa —feliz seguía cantando don Conejo—: Uno a la derecha, otro a la izquierda y... ¡Ayyyyy!

Don Conejo, por ir distraído y cantando, cayó a un hoyo muy profundo y comenzó a gritar pidiendo ayuda.

En ese momento la ardilla iba pasando, oyó los gritos y acudió a socorrer a don Conejo.

—No se preocupe, voy a meterme y a sacarlo más rápidamente que como cayó —le aseguró doña Ardilla mientras intentaba entrar por el agujero, pero su larga cola no se lo permitía.

—¿Qué pasa, ardilla? ¿Por qué no bajas a ayudarme? —gritó don Conejo.

—Es que mi cola es tan larga y grande que, por más que intento, no puedo entrar al hoyo. Pero no te preocupes, voy a llamar a la tortuga para que te saque de aquí.

Ésta llegó tiempo después.

—Don Conejo, don Conejo, ¿dónde estás?

—¡Aquí abajo, en el hoyo! —gritó desesperado don Conejo.

—Pero, ¡qué barbaridad!, este hoyo es tan hondo que si me meto para ayudarte no podré salir, además, mi concha es muy ancha y grande. Será mejor que llame al gran oso, seguramente él te podrá sacar de ahí —le explicó la tortuga mientras se alejaba poco a poco a buscar ayuda.

El oso llegó corriendo y dijo:

—Parece ser que ése es el hoyo en que cayó don Conejo. Don Conejo, ¿está usted ahí?

—Sí, aquí estoy, sácame de aquí —gritó don Conejo.

Entonces el oso, al tratar de rescatarlo, se dio cuenta de que su cuerpo era más grande que el hoyo y no podía meterse, y le prometió que iría a buscar otro animal que cupiera por el agujero.

Don Conejo al verse solo comenzó a gritar pidiendo ayuda cuando el león pasaba por ahí. Éste al escuchar los llamados del conejo buscó la manera de rescatarlo. Halló una cuerda y la amarró al árbol más cercano gritando a don Conejo:

—Ahí va una cuerda, tómela con las dos patas fuertemente que yo lo sacaré de ahí.

Y así el señor León sacó a don Conejo del agujero, quien al verlo, le dijo temblando de miedo:

—Por favor señor, no me coma.

—No tenga miedo, yo no soy malo, sólo busco hacer amistades y ayudar a los demás.

—Pues muchas gracias, ha salvado mi vida —respondió agradecido don Conejo.

Todos los demás animalitos, que habían observado la escena desde lejos, se acercaron diciendo que el señor León había demostrado ser muy amable y valiente y querían ser sus amigos. Y juntos entonaron un canto, pues ya tenían un amigo nuevo.

Los lápices de colores

Sobre la gran mesa de estudio de papá, Bebé ha inclinado la ensortijada cabeza. Una telaraña de luces envolvió su cerebro y el sueño la abatió apaciblemente junto a la hoja de papel brístol donde la mano había ensayado un paisaje imaginario. Muy cerca estaba la cajita nueva de colores, todavía con su aroma de bosque tronchado y, aquí y allá, se veían diseminados los lápices, luciendo sus brillantes envolturas.

Es la hora misteriosa del crepúsculo. La casa reposa envuelta en sombras.

Entonces el lápiz azul habló:

—Yo soy el príncipe de los colores. Yo soy el aire y soy el agua.

—No puedes hacer nada sin mí —exclamó el lápiz verde—. Yo soy el campo. Soy el bosque.

—Pero yo soy el sol. Soy el fuego. Soy la sangre vital —dijo el lápiz rojo.

—¿Podríais olvidarme? —murmuró el lápiz amarillo—. Yo soy el oro. Yo soy el pan del trigal.

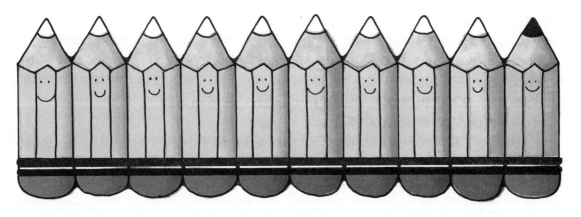

Primero en coro, y luego alternativamente hablaron el lápiz azul turquí, el lápiz violado y el lápiz anaranjado:

—No somos tan orgullosos como vosotros, aunque todos somos hijos del Iris; pero debéis tenernos presentes.

—Yo —dijo el lápiz violado— estoy en las escondidas violetas, en los lirios dolientes y en los cristales de la amatista.

—Yo —agregó el lápiz anaranjado— doy su alegre color a los maduros frutos de jugo delicioso.

Entretanto el lápiz blanco y el lápiz negro habían permanecido callados.

El primero habló al fin:

—Yo permanezco siempre olvidado. Cuando vosotros, rápidamente disminuidos por el desgaste del tajador, casi habéis desaparecido, yo aún espero en el fondo de la caja o del estuche. Mi blancura como la nieve de las altas montañas, casi está intocada; sobre el blanco del papel son invisibles mis trazos, pero debéis recordar que todos vosotros estáis dentro de mí: Yo soy la luz misma, en la que todos habéis tenido origen.

El lápiz negro dijo:

—Yo soy la sombra. La oscuridad. Yo puedo envolveros a todos y haceros invisibles, matando vuestros brillos soberbios.

Bebé alzó la ensortijada cabeza... Abrió los ojos...

Todos los lápices volvieron a su mutismo. Bebé los fue encerrando, uno por uno, en la cajita, luego le puso la tapa y la guardó en el cajón grande de la papelera y, perezosamente, llegó hasta el regazo de la madre donde dejó caer la rendida cabeza ensortijada...

Aún resonaban en ella las palabras misteriosas de los lápices de colores.

Samuel Ruiz Cabañas

El gato y los tres perros

El gato Félix se coló en la despensa y se robó una salchicha. Cuando salía, furtivamente, se encontró delante de la puerta con los tres perros: Sultán, Diablo y León.

Al verlos sintió miedo de que éstos lo acusaran y que por eso recibiera los merecidos palos. Entonces se dirigió a Sultán y le dijo en voz baja:

—¡Querido Sultancito, si te callas y a nadie dices dónde he estado, te daré un pedazo de mi salchicha!

Sultán olió la salchicha y, como le gustaba, dijo que sí.

Luego el gato se dirigió a Diablo y le dijo:

—¡Querido Diablito, si te callas y a nadie dices dónde he estado, te daré un pedacito de mi salchicha!

Diablo la olió y, como le gustaba mucho, dijo que sí.

En fin, el gato se dirigió a León, y le dijo lo mismo. Pero León no quería comer salchicha robada, y no quiso hacerse cómplice dèl gato.

—¡No, no! —dijo—, tú eres un embustero, un pícaro, un ladrón, y no quiero que me des nada.

Al decir esto, lo cogió de la oreja, lo llevó a la cocina y refirió allí todo lo que había sucedido.

Entonces el gato recibió una buena paliza por haber robado, y a Sultán y a Diablo no les dieron nada de comer, por haber disimulado el robo; pero León, por el contrario, fue elogiado, y el dueño le dio toda la salchicha en recompensa de su fidelidad.

F. Cuervo Martínez

Los rayitos del sol

Amanecía...
El sol despuntó
radiante y hermoso
por el Oriente, y envió sus primeros rayos a despertar
a los que estuvieran durmiendo todavía.
El primer rayito fue a alumbrar
el nido de la golondrina.
Ésta saltó ligera, se elevó en el aire,
y dijo cantando: —¡Qué hermosa es la mañana!
El segundo rayito fue a despertar al conejito.
Éste, sin limpiarse bien los ojos,
salió brincando del bosque y se dirigió al verde prado
en busca del tierno zacatito y las jugosas yerbitas
para su desayuno.
El tercer rayito fue a dar al gallinero.
Entonces cantó el gallo: ¡Quiquiriquí!
Y las gallinas bajaron volando de sus palos,
pasaron cacareando por el patio, rascando y buscando su alimento,
y algunas pusieron huevos en los nidos.
El cuarto rayito fue a tocar la puerta del palomar.
Las palomas dijeron: —La puerta está cerrada todavía, no podemos salir.
Luego que la abrieron todas volaron al campo
y corrieron presurosas a los plantíos buscando qué comer.
El quinto rayito llegó al colmenar.
Las abejitas salieron al instante,
limpiaron sus alitas, volaron zumbando por entre las flores
y llevaron miel a su colmena.
El último rayito se acercó a la cama del dormilón.
Hizo mucho por despertarle, pero no lo consiguió.
Entre dormido y despierto, se volvió para el otro lado, bostezando,
y siguió durmiendo mientras que todos los demás trabajaban.

F. Cuervo Martínez

Tata Chema

Tata Chema era ya muy viejo... tenía la cara llena de arrugas y la cabeza blanca de canas. Cuando se sentaba a la mesa para comer, regaba el caldo o la sopa sobre los manteles o dejaba caer las tazas sobre los platos y los rompía. Por este motivo, su hijo Juan dispuso que el abuelo comiera aparte.

Se le acomodó en un rincón, y en un gran plato de madera le servían el caldo, la sopa y todo lo demás.

El pobre anciano se entristeció mucho al verse tratado de tal manera por su hijo, pero no dijo nada. Se consolaba platicando y jugando con su nieto Perico, a quien quería mucho.

Pasó el tiempo.

Un día, cortó Perico una tabla en forma circular, y se entretenía en ahondarla, cuando pasando por ahí su papá Juan lo vio y le dijo:

—¿Qué estás haciendo, Perico?

—¡Mira! —contestó el niño—, estoy haciendo un plato como el de Tata Chema, para que comas tú cuando seas viejo.

Juan sintió un gran dolor, y comprendió el mal que había hecho, corrió hacia el abuelo diciéndole:

—¡Perdón, padre mío! He recibido de tu nieto una lección que nunca olvidaré.

El abuelo, que todo lo había visto y oído, le dijo entonces:

—¡Está bien, hijo mío... Te perdono... Y no olvides nunca esto: "No hagas a otro lo que no quieras que te hagan a ti" —y llamando al niño, abrazó cariñosamente a sus dos hijos. Juan rompió el plato de madera y desde aquel día Tata Chema volvió a comer en la mesa con toda su familia.

M. Kociuco Frenvar

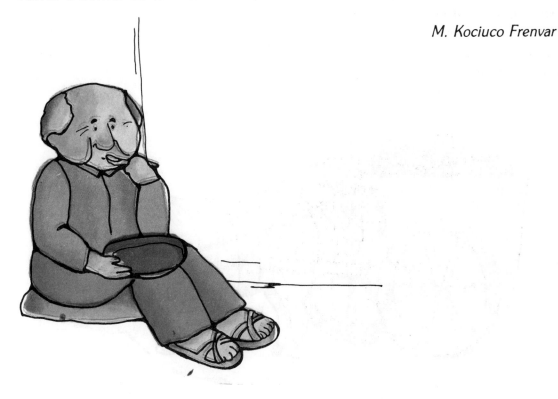

Justo castigo

Melchor, Gaspar y Baltasar eran tres hermanos que se querían bastante bien. Pero Melchor y Gaspar eran muy dados a hacerle maldades a Baltasar, que era el más chico.

Una vez se pusieron a jugar los tres niños a la gallina ciega. Tocó el turno de vendarle los ojos a Baltasar. Entonces Melchor y Gaspar se propusieron burlarse de él.

Al efecto, los hermanos mayores se fueron al jardín, y dejaron solo al menor. El pobre chico, con los ojos cubiertos, comenzó a dar vueltas y más vueltas en busca de sus hermanos. Así pasó cerca de media hora. Por poco echa a llorar.

En esto, vino el papá de los niños, para llevarlos al teatro. Como el papá encontró únicamente a Baltasar, sólo a él llevó. Y resultó que los hermanos burladores fueron los burlados.

Por la buena o por la mala

Un infeliz caballo, viejo, achacoso y hambriento, tiraba de un carro que llevaba mucha carga. Para obligar al caballo a correr, el carrero le dio algunos latigazos.

El pobre animal hacía esfuerzos por acelerar la marcha, pero no podía. El carrero se enojó mucho y golpeó más al caballo, llegando a pegarle hasta en la cabeza. Entonces el caballo se paró y ya no quiso andar aprisa ni despacio. El carrero estaba encorajinado y no hallaba qué hacer para que el caballo anduviera.

Un hombre, habiendo visto lo ocurrido, dijo al carrero que era un bárbaro y no sabía tratar a los animales.

Después se acercó al caballo, le acarició el pescuezo y el hocico, y le tiró un poco de la rienda. El caballo, entonces, se quedó viendo al hombre, dio un resoplido y siguió caminando tranquilamente.

Historia de un grillo

Un grillito, rendido de hambre y de cansancio, se acercó a una colmena.

—Buenas abejitas —dijo—, dadme un poco de miel, pues no tengo qué comer.

—¿Quién es usted? ¿De dónde viene? ¿En qué trabaja? —le preguntó una abeja.

—Soy un pobre grillo y no hago mal a nadie. La mayor parte del día la paso durmiendo y por las noches me dedico al canto.

—¿Sí?, pues nosotras, durante el día, formamos la miel y la cera de nuestro panal, y de noche descansamos. ¡Fuera de aquí, holgazán, si quiere comer, trabaje!

El grillo se retiró muy avergonzado. Desde entonces sólo canta después de que ha encontrado su alimento.

Dos buenos corazones

En una pequeña ciudad vivía un perro llamado Jazmín, que parecía no tener ninguna habilidad. Los niños de la casa Pedrito y Alicia, cuando hablaban de la torpeza del perro, decían en tono de burla:

—Jazmín no coge ratas.

Inesperadamente, un día Jazmín se robó un pedazo de carne que estaba encima de la mesa, huyendo rápidamente hacia la calle. Pedrito y Alicia corrieron tras el ladrón, que no paró hasta llegar al dintel de la casa vecina.

Allí estaba echado un infeliz perrito casi muerto de hambre, con una pata ensangrentada. El pobre perro, al divisar a Jazmín, comenzó a manear la cola, como si comprendiese que su amigo iba a darle un pedazo de carne.

Así sucedió, en efecto. Y mientras el perrito herido devoraba el trozo de carne, Jazmín lo contemplaba con aire compasivo.

—Jazmín no coge ratas —dijo Alicia—, pero tiene buen corazón.

—Y yo también —agregó Pedrito.

Y cogiendo con esmero al perro herido, lo llevó a la casa, donde cuidadosamente le curó la herida.

Un amigo de verdad

Nerón era un enorme perro blanco, y Cifú un pequeño gatito negro. Ambos vivían en la misma casa; pero no se veían con buenos ojos.

Más de una ocasión Cifú le había enseñado a Nerón sus uñas afiladas, y éste había mostrado a Cifú sus agudos colmillos. Cierto día los dos estaban durmiendo, Nerón echado a la puerta del zaguán y Cifú en el patio, a poca distancia uno de otro. De repente entró en la casa un perro de fiero aspecto, y al ver al gatito comenzó a ladrarle: estaba hambriendo o era pendenciero.

Cifú arqueó el lomo y se encrespó; mas el intruso, sin atemorizarse, se precipitó contra él y lo cogió entre los dientes.

Entonces Nerón dio un salto y cayó sobre el intruso, sacudiéndole con todas sus fuerzas. El intruso soltó al gatito y se puso en fuga, aullando lastimosamente, mientras Nerón fue a echarse de nuevo para continuar su interrumpido sueño. El pobre Cifú se quejaba dolorosamente, y en vez de ir a ver al ama, fue a refugiarse entre las patas de Nerón.

El valiente animal, en lugar de gruñirle como otras veces, se puso a lamerle el cuello y le curó la herida. Desde entonces Nerón y Cifú son los mejores amigos.

El niño que escapó de su casa

En cierta ocasión un niño se perdió en el bosque. Él escapó de su casa porque estaba enojado con sus papás, ya que éstos lo regañaban mucho por hacer travesuras.

Sus padres estaban desesperados, lo buscaban por todas partes, debajo de la cama, por toda la casa, con los amigos; pero, al ver que no estaba, fueron al bosque y no lo encontraron porque se había internado en otro más lejano.

Sebastián, el niño, se encontró en el bosque con muchos peligros: un gran oso negro con manchas blancas, lo atacó por la espalda; afortunadamente Sebastián logró escapar porque el oso, al perseguirlo, se golpeó la cabeza con la rama de un árbol.

El niño estaba asustado porque era de noche. Corrió y corrió hasta llegar a un río, se metió en él y encontró un cocodrilo, lo saludó y nadó hasta que logró salir. Luego, siguió corriendo hasta que, agotado, se durmió debajo de un árbol.

Al amanecer lo despertó el canto de un gallo; continuó caminando y encontró un caballo, lo montó y vio una enorme montaña a la que subió hasta llegar a la nieve; Sebastián se sentó sobre una roca y amarró el caballo para que no se escapara. Él sintió hambre y se quedó pensando lo agradable que sería comer fruta.

Mientras pensaba, vio que algo se movía, se acercó y descubrió a una lagartija grande que subió rápidamente a un árbol. Sebastián, al no poder atrapar a la lagartija, montó en el caballo y bajó al bosque y de nuevo al río, ya que tenía sed; luego, como continuaba hambriento, recogió algunas manzanas maduras que caían de un árbol mecido por el viento.

Comió tantas manzanas que le empezó a doler el estómago, pero después de un rato se le calmó la molestia. Volvió a montar su caballo, al que le puso por nombre Cristal, y entonces se encontró unas huellas de lobo. El niño y su cabalgadura siguieron esas huellas hasta que encontraron al lobo. Al verlo, Sebastián se desmayó.

Al pasar algún tiempo despertó porque percibió un olor horrible: era un zorrillo negro con el lomo blanco al que no cargó porque olía feo; así que a empujones lo llevó al río y lo bañó para que oliera a limpio; después Sebastián y el zorrillo corrieron por un campo con flores hasta que el animalito desapareció.

El niño caminó con Cristal muchas horas y encontró un capullo a punto de ser abierto por una hermosa oruga de color verde; la observó horas enteras hasta que surgió de él una mariposa preciosa; la colocó al sol sobre una hojita y, al volar, Sebastián le dijo adiós.

El niño siguió caminando y llegó a una montaña con un enorme manto blanco donde hizo un muñeco de nieve. Después oyó el relinchar de una yegua y Cristal se casó con ella y los dos se fueron. El niño se quedó solo.

Sebastián pensó que era mejor regresar a su casa con sus papás y juguetes. Sentía mucha hambre y quería ver a todos los del pueblo. Caminó y casi se topa con el oso que lo había atacado. Luego encontró a la lagartija y al zorrillo que ya olía a perfume de flores, y a la mariposa que volaba feliz por el bosque.

Por fin, llegó a su casa y sus padres lo abrazaron y le dieron besos de amor. Le dijeron que no se escapara más, ya que ellos lo querían mucho. Él dijo que quería comer y le sirvieron sopa de codito, pollo con verduras y pastel de fresas con chocolate. Alimentándose bien, creció mucho y fue feliz en su casa, sin volver a escapar, pues aprendió que no debía hacerlo. Y quiso mucho a sus papás por siempre.

Greñitas

Greñitas era un leoncito que estaba de vacaciones. Llegó a un pueblo donde había muchos animalitos amables y muchas flores hermosas; como todo era muy agradable, se dedicó a buscar un lugar para alojarse.

Dos simpáticos animales —Piolín, el gallo, y Copo de Nieve, el borrego— le dijeron donde podía encontrar un hotel y buena comida.

Cuando llegó Greñitas al hotel a descansar se dio cuenta de que su saco nuevo se había roto. A la mañana siguiente, Greñitas salió corriendo con el sastre, el conejo Remendón.

Greñitas le explicó que se había roto su saco y que, si no se lo arreglaba, su mamá se iba a enojar. Don Remendón lo revisó y, viendo que no tenía remedio, le dijo que se comprara otro.

Greñitas se fue muy triste y a todos los animalitos les dijo lo de su saco. En la noche, el león se fue a dormir y por desgracia tuvo una pesadilla. Soñó que iba volando muy alto, muy alto, y cuando llegaba a las nubes se venía abajo. En realidad,

Greñitas se cayó de la cama. Al darse cuenta que era sólo un sueño, se volvió a dormir tranquilamente.

Al otro día se levantó muy temprano, porque sus amigos habían quedado con él de verse en el parque para jugar y darle una sorpresa. Cuando llegaron todos le pidieron que cerrara los ojos, y cuando le dijeron que los abriera, vio un lindo saco.

Ésa era la sorpresa.

Greñitas agradeció el obsequio y todos jugaron contentos.

Norma Elena Gamboa Castro

La hechura de un hombre

—Sargento —dijo un pequeño muchacho al entrar a la comandancia de policía que quedaba en la calle cuarta de una pequeña ciudad—; ¿puede usted enviar unos policías para proteger una propiedad esta noche?

El sargento miró al pequeño y vio que sus ojos estaban llenos de lágrimas.

—Involuntariamente —dijo con un sollozo—, en la avenida Bolívar, me recosté contra una vitrina, con seguridad con demasiada fuerza, porque rompí el vidrio. La puerta estaba cerrada y no pude hallar al dueño. Por eso vine tan rápidamente como pude, temiendo que algún ladrón entrase. Si le entregara un peso, sargento, como parte del pago de ese cristal, ¿permitiría que me fuese por esta noche? —y agregó—: Es todo el dinero que tengo, y vivo demasiado lejos para ir y volver esta noche. Volveré mañana con el resto, pero por favor, mande a alguien para que vigile.

—Eres un niño muy noble —fue el comentario del sargento mientras devolvía la moneda al muchacho—. Toma el dinero. Mandaré a alguien para que vigile el lugar, y si mañana ves al propietario de la tienda y le dices lo que me acabas de contar, creo que él tampoco te lo recibirá.

Francisco decide quedarse con Sultán

Francisco Quintero no quería a su perro. Él decía que sí quería a Sultán, pero era mentira, porque después de la primera semana de tenerlo, nunca se acordó de alimentarlo ni darle agua. El amor, como todos saben, está basado en hechos de bondad; y Paco no los tenía para Sultán.

La mamá de Paco tenía un bebé que cuidar y toda una casa que debía mantener en orden, pero a pesar de estar tan ocupada, hallaba tiempo para darle de comer y beber a Sultán cuando Paco se olvidaba de hacerlo, que era siempre.

—Francisco —le dijo su mamá un día—, si no quieres a Sultán lo suficiente para alimentarlo y darle agua, me parece que sería mejor que lo regalaras a algún muchacho que lo cuide.

Paco no quería despedirse de Sultán, pero tampoco deseaba cuidarle todos los días. Mientras lo estaba pensando, uno de los muchachos le llamó para que fuera a jugar. Paco se volvió para ir, pero su madre le detuvo con la pregunta:

—¿Debo devolver a Sultán a tu tío Antonio?

El muchacho sabía que si decía, "No", su mamá lo obligaría a dar agua y comida a Sultán, y tenía muchas ganas de ir a jugar, de modo que repuso:

—Sí, mamá, regala a Sultán a alguien.

Y echó a correr lo más ligeramente posible para unirse a sus compañeros de juego. Pero no se divirtió mucho en el juego esa mañana, porque seguía recordando lo dicho a su mamá a propósito del perro.

Su tío venía los miércoles por la mañana, a eso de las diez. Pensando que el tío Antonio estaría por llegar, Paco decidió volver a casa, darle agua y comida a Sultán, y decir a mamá que se quería quedar con el animal.

Al acercarse a la casa, el tío Antonio pasó en su auto, y en el asiento delantero, cerca de él, iba sentado Sultán, con la cabeza gacha y la mirada triste.

Paco hizo señas a su tío para que se detuviera, pero en esos momentos pasaba un camión cargado haciendo tanto ruido que el tío no lo pudo oír. Paco corrió detrás del coche. Estaba seguro de que todavía lo podía ver, aunque se alejaba más y más. Varias veces Paco creyó ver el carro de su tío y seguía corriendo por la calle, pero lo perdió definitivamente al dar vuelta en una esquina.

Se detuvo y se sintió muy cansado. Se sentó sobre la acera, enfrente de un patio, y empezó a mirar las cosas que le rodeaban. Todo parecía nuevo y desconocido. No recordaba haber estado antes en ese lugar.

Poco a poco se dio cuenta: se había perdido.

A lo lejos sonó la campana de un reloj. Contó: una, dos, tres... hasta doce campanadas. Era la hora del almuerzo. ¡Cuánta hambre sentía y cuánta sed! Escondió la cara entre las manos para que nadie viese las lágrimas que corrían por sus mejillas. Ahora comprendía cómo se sentiría Sultán en su casa, pero sin tener qué comer ni qué beber.

Entonces el muchacho recordó que la manera de hallar la casa cuando se está perdido, es acudir a un policía, decirle lo sucedido y darle su nombre y domicilio. Pensando hacer eso, se dio cuenta de que ya no habría ningún Sultán en la casa para recibirlo.

Un automóvil se detuvo cerca de donde estaba sentado. Paco oyó cómo alguien bajaba del coche y entraba en la tienda de la esquina. Levantó la cabeza para examinar los alrededores una vez más. Pensó que estaba soñando. Ahí, dentro del auto vio un perro de cara triste, y ese perro le recordaba a Sultán, pero el carro no era el del tío Antonio.

—¡Sultán! —susurró Paco.

El perro volvió la cabeza y puso las patas sobre el marco de la ventanilla.

—¡Sultán! —exclamó el niño mientras rápidamente se ponía de pie. Paco abrió la portezuela y en un momento había rodeado con toda la fuerza de sus brazos el cuello del perro, porque, en realidad, se trataba de Sultán.

Un joven salió de la tienda y encontró a los dos amigos. Había prometido guardar a Sultán hasta que el tío Antonio hallase a quién regalar el animal. Estaba muy contento de saber que Paco había decidido quedarse con el perro y los condujo a casa del niño.

Nunca más se olvidó Paco de proveer comida y agua en abundancia a su fiel animal.

Ayudando al muchacho malo

La familia de Alfredo se había mudado a un nuevo vecindario, y como él era un muchacho bueno y sociable, pronto halló amigos de su propia edad.

—No permita que su hijo juegue con Guillermo, es un muchacho malo y ninguno de sus vecinos lo quiere —fue lo que alguien dijo a la mamá de Alfredo.

—Pero viven en la casa vecina y mi hijo tendrá que jugar con él. Siento mucho que un muchacho tenga una reputación tal. Alfredo es dos años mayor y quizá lo podrá ayudar a portarse mejor.

Ésa fue la respuesta de la mamá de Alfredo, pero al mismo tiempo decidió que sería bueno vigilarlos. Y de veras, el muchacho malo del vecindario había mejora-

do tanto que parecía ser un muchacho nuevo. Dejó todos sus malos hábitos y empezó a ser tan cortés y bondadoso que aun su propia madre se sorprendió.

Pero no fue obra de Alfredo únicamente. La mamá de éste ayudó también. Invitó al muchacho malo a pequeñas comidas y, algunas veces, también a jugar y lo trató como si fuese el mejor muchacho del vecindario. Llevaba a los dos jóvenes a paseos agradables y, como Alfredo era un chico muy generoso, su presencia era una bendición como la luz del sol para el muchacho a quien tanta maldad se atribuía. Era como volver al revés el viejo refrán: "Sé bueno y serás feliz". Porque ellos primero hicieron feliz al pobre muchacho y luego éste se hizo bueno.

Salvada por su fiel perro

La pequeña Elena tenía unos seis años. Era su costumbre ir por leche todos los días a casa de la señora Morales. Las dos casas distaban como kilómetro y medio la una de la otra. Acostumbraba ir por la tarde cuando tenía quien le acompañase. Cierto día, una niñita llamada Elsa, de su misma edad, vino a visitarla.

Después del almuerzo, a las pequeñas se les ocurrió hacer una casita en el bosque. Se quedaron jugando largo rato y, cuando regresaron a la casa, se dieron cuenta de que eran cerca de las cinco y media.

La mamá de Elena le dijo que podía acompañar a Elsa parte de la distancia y las niñas salieron juntas. Como Elena era siempre obediente, su mamá pensó que regresaría a tiempo para ir por la leche.

Después de perder de vista la casa, las niñitas se olvidaron de lo veloz que pasaba el tiempo. Entre las dos casas había un arroyuelo de poca profundidad en ciertos lugares. A ambos lados del cauce había una densa espesura. Al acercarse las dos niñas a este lugar, pensaron en lo agradable que sería jugar un rato en el agua.

Se sentaron sobre una piedra grande y pronto se habían quitado los zapatos y las medias y estaban vadeando la corriente. A causa de lo mucho que gozaban, no se dieron cuenta de la oscuridad que caía.

Pero cuando miraron hacia el cielo se dieron cuenta de que se acercaba rápidamente una tormenta. Habían caminado corriente arriba como medio kilómetro.

Entonces, Elena recordó que no había obedecido a su mamá. Volvieron a bajar por el arroyo, se pusieron las medias y los zapatos en la oscuridad y echaron a andar. ¿Hacia dónde? Nadie sabe. Después de caminar un rato por el bosque se sentaron sobre un tronco y empezaron a llorar.

Finalmente Elena cerró los ojos y le dijo a Elsa:

—Voy a pedir a Dios para que podamos ser halladas y llevadas a casa.

—Pues yo me quedaré quieta.

Y entonces Elena se arrodilló y oró.

Al levantarse, oyó ladrar un perro, y Sultán, el perro de la familia, apareció a su lado. Lo siguieron entonces y a los pocos pasos hallaron el camino.

Al aproximarse a la casa de Elena, ésta temía que su mamá la castigara severamente, porque creía merecerlo. Pero antes de que pudiese hablar se lanzó a los brazos de su mamá.

Su papá llevó a Elsa a su casa, y la mamá de ella se encontraba tan ansiosa por su hijita como lo había estado la mamá de Elena.

Al ser puesta Elena en su cama esa noche rodeó con sus brazos el cuello de su mamá y le confesó suavemente:

—Dios nos salvó, mamá —y le contó cómo había orado cuando se encontraban perdidas en el bosque.

Y su mamá cariñosamente le respondió:

—Sí, querida, Dios te salvó; y ésa es una lección que debe enseñarte siempre a confiar en Él.

Enrique cambia de idea

Enrique siempre había vivido en la ciudad. Un verano, cuando tenía diez años de edad, su tío Juan lo invitó a pasar un mes con sus primos en su rancho.

Como muchas personas mayores, pensó que sería una gran diversión buscar y aterrorizar a las tímidas criaturitas que viven en los campos y en el monte.

Había oído hablar a su padre de la cacería de venados. Su hermano mayor siempre hablaba del pez que había pescado. Así, Enrique creía que él también debería atrapar y matar algo.

Al día siguiente, después de haber llegado a la finca, fue al huerto. En el bolsillo tenía una honda que había traído de la ciudad, y su mente estaba llena de negros pensamientos.

Su prima María estaba en el huerto recogiendo ciruelas, y Enrique se quedó mirándola. Oyó cantar un pajarito en la arboleda. Él no sabía mucho acerca de las aves, y nunca había oído un trinar más melodioso que aquél.

Enrique miró hacia arriba.

—¿Qué es eso? —preguntó.

—Es un sinsonte —contestó María.

—¿Un sinsonte? ¿Dónde está?

—Está en aquel naranjo. Allí canta muy a menudo por las mañanas.

Enrique ya estaba listo con la honda. Lanzó una piedrecita que dio en la cabeza del pajarito el cual cayó aleteando al suelo.

—¿Qué estás haciendo? —gritó el tío Juan, que acababa de llegar al huerto—. ¿No sabes que los muchachos y los hombres con hondas y rifles no tienen permiso para entrar en esta finca?

—Es solamente un sinsonte, tío —se defendió Enrique—. Iba a comerse las frutas.

—No te aflijas por las frutas —le repuso el tío Juan—. Has hecho una cosa muy tonta y muy cruel.

Levantó al pajarito, que estaba únicamente aturdido, y lo guardó en las manos.

—Pero, tío —preguntó Enrique—, ¿no comen los pájaros frutas y granos?

—Sí, lo hacen —le contestó su tío—, pero ellos no comen más que su parte. En la primavera matan a miles de insectos que de otra manera habrían destruido toda nuestra fruta y todo nuestro grano. No tendríamos buenas cosechas en el rancho si no nos ayudaran los pajaritos.

En ese momento el sinsonte abrió los ojitos y comenzó a mover las alitas.

—Estoy contento de no haberlo matado —dijo Enrique arrepentido, porque tenía buenos sentimientos.

El pajarito aleteó por unos momentos y alzó el vuelo hacia los árboles.

—Vuela pajarito —murmuró el tío Juan—, ven otra vez mañana, y canta todo lo que quieras.

La primera cosa que hizo Enrique al entrar a la casa, fue arrojar su honda en el fuego de la cocina.

—Estoy contenta porque la quemaste —le dijo María con una sonrisa.

Hormigas que llevan paraguas

—¡Hola! —dijo tío Benjamín al dar vuelta a la casa y llegar al jardín de atrás—. ¿De qué se trata esto?

Lo que vio fue una niñita de siete años parada junto a una hilera de zanahorias apenas brotadas hacía una o dos semanas. Pero candentes lágrimas de indignación habían llenado los ojos de la pequeña y, al enjugarlas con las manos sucias, habían manchado la carita.

—¿Qué sucede? —volvió a interrogar el tío Benjamín al llegar a su lado y tomar una de las manecitas con la suya—. ¿Quién ha estado maltratando a mi nena?

—No es justo —fue la respuesta de Isabelita, mientras surgía un nuevo torrente de lágrimas—. No veo por qué he de limpiar este sucio y viejo jardín. Éste es día de juego.

El tío Benjamín lanzó un silbido.

—Conque esas tenemos —comentó él, mientras se sentaba en un banquito del jardín—. Una niñita que tiene casa y recibe sustento tres veces diarias, durante siete días a la semana, quiere que otro haga su trabajo. Ven y siéntate aquí unos minutos mientras te cuento algo que vi en Brasil durante el verano pasado.

El tío se hizo a un lado para dar lugar a Isabel y dispuso su brazo de tal manera que la cabeza de Isabelita descansara en el ángulo del codo.

—Ahora, para principiar, tú bien sabes que todo ser vivo necesita nutrirse. Las plantas se alimentan de la tierra en que crecen y del aire. Los insectos lo hacen de las plantas o de otros insectos. La familia humana se alimenta de una gran variedad de cosas, animales y vegetales, incluidas las zanahorias —y al decir esto, el tío Benjamín guiñó un ojo a la pequeña—, pero todos tienen que trabajar por ello. Mi relato esta mañana es sobre una hormiga de Brasil que lleva un paraguas.

La pequeña lo miró asombrada.

—Sí, hormigas que llevan un paraguas —dijo en respuesta a la mirada de asombro—, uno puede caminar por el bosque y, de repente, ve algo que parece una corriente de follaje siguiendo una misma dirección. Y si uno se detiene para examinar de cerca esa corriente, se dará cuenta de que está compuesta por un ejército de hormigas, y todos los pedazos del follaje que había visto eran pedazos de hojas colocados encima de la cabeza, y por eso se llaman hormigas de paraguas. Los pedazos de follaje han sido cortados con sus mandíbulas de las orillas.

—¿Qué son mandíbulas?

—Mandíbulas son algo como las quijadas. Estas hormigas, pues, tienen mandíbulas semejantes a grandes tijeras, y allí van corta y corta, recortando la orilla de las hojas, aunque a veces están tan ocupadas que se llevan todo menos las cos-

tillas y el pecíolo de las hojas. El pecíolo —explicó— es la ramita que une la hoja al árbol. Hay veces que esas hormigas caminan una distancia de casi un kilómetro desde el hormiguero para conseguir la clase de hoja que quieren. Imagínate qué viaje tan largo es para un insecto como la hormiga. Y, ¿sabes qué intentan hacer con esas hojas tan arduamente conseguidas?

Isabel movió la cabeza negativamente.

—Van a hacer con ellas un jardín de legumbres, y por eso las llevan al hormiguero —afirmó el tío Benjamín—: Sí, van a picar las hojas con sus mandíbulas y las van a amasar con sus pies. Cuando hayan terminado, todas las pequeñas células que componen la hoja habrán sido desmenuzadas, las hojas deshechas y despedazadas y lo que quede será una masa esponjosa y porosa. Ése es el jardín de las hormigas, así como éste es el tuyo.

Al decir esto el tío señaló el solar donde estaban las zanahorias, y luego agregó:

—Y en ese jardín de legumbres, crece cierta clase de moho. Moho es algo que crece tan rápidamente como los hongos y cosas semejantes. Eso es lo que las hormigas cultivan siempre en su jardín, porque de allí surge un pequeño tallo sobre el cual crece una bolita que contiene el único alimento de las hormigas. Pero tienen que cuidar de él con mucho esmero, porque a menos que todo otro moho sea eliminado, así como debe hacerse con las malezas, esta clase especial no crecerá. Simplemente desaparecerá y las hormigas tendrán que pasar hambre. Hay una gran variedad de moho que crece igual que las malezas entre tus zanahorias allí afuera, y hay que sacarlos todos. Y, ¿quién crees tú que hace todo el trabajo?

—¿Quién? —preguntó Isabel apresuradamente.

El tío Benjamín se detuvo a contemplarla y contestó:

—Las muchachitas de las hormigas. Ése es su trabajo. Los padres ayudan también, pero cada niñita de entre ellas tiene que hacer su parte.

La cara del tío Benjamín se volvió seria.

—Así es —continuó—, estas muchachitas hormigas no pierden el tiempo lloriqueando sobre su trabajo.

Se detuvo y observó a Isabel. La niñita se puso de pie y se dirigió resueltamente hacia las zanahorias a la vez que decía:

—Voy a desyerbar todo el jardín.

El obsequio del muchachito negro

El muchachito se quedó contemplando el retrato en la pared, el único que había en todo el cuarto. Las paredes no estaban cubiertas con papel de hermosos diseños en variados colores. La pared era sencilla y hecha de adobe. La abertura que había en lugar de puerta era tan pequeña que las personas adultas tenían que inclinarse, y aun casi gatear, para poder entrar, y en el centro había un fogón, porque a veces hacía frío.

El muchachito tenía la cara más dulce que pueda imaginarse, regordeta, negra, brillante y sus grandes ojos se movían de un lado a otro y eran como dos platos. Allí estaba parado este niño de solamente tres años de edad. Tenía a la espalda uno de los pequeños puños firmemente cerrado. El retrato que tanto le fascinaba había sido obsequiado a la abuela y ella lo había colgado en la pared. Era el muy familiar y hermoso cuadro del Buen Pastor.

—¡Te amo, Jesús! ¡Te amo, Jesús! ¡Aquí tengo un regalo para ti, Jesús! —fue lo que exclamó rápidamente y sin detenerse. Luego extendió la mano con la palma abierta y allí, en el centro, tenía un centavo.

Quién le regaló el centavo, no se sabe, porque los centavos eran muy escasos y muy rara la vez que un muchachito conseguía uno. Quizá la señora blanca se lo había dado. Pero fuera como fuese, era una posesión muy valiosa.

Una nube de decepción cubrió su pequeña cara porque Jesús no tomó el centavo. Los ojos del Buen Pastor sencillamente estaban fijos en él con una expresión de bondad. Con una mirada de tristeza, se volvió a la hermana de cinco años y le dijo:

—Jesús no quiere recibir mi regalo.

—No importa —fue la respuesta—, llévalo a la iglesia, ponlo en el platillo y Él lo recibirá.

El muchachito quedó satisfecho y esperó con paciencia la llegada del día de ir a la iglesia. El pequeño corazón latía fuertemente al acercarse el platillo de ofrendas y con el rostro radiante y los ojos relucientes, depositó su solitario centavo en el platillo: su obsequio a Jesús, el Buen Pastor.

¡Cuán feliz se sentía de dar ese regalo a Jesús! A pesar de ser tan pequeño, ya había entregado su corazón al Buen Pastor, y esperamos que cuando llegue a mayor edad dedique su vida entera al servicio abnegado de los demás.

La trágica lección que aprendió Juanita

Juanita era una devoradora de libros. Cuando el reloj en la sala señaló las nueve y media, subió las escaleras con un libro debajo de cada brazo. Se quitó la ropa apresuradamente, encendió la luz a la cabecera de la cama y se puso a leer.

Sonaron las diez y la mamá y el papá de Juanita subieron.

—¡Juanita! ¿Aún no has terminado ese capítulo? —preguntó la mamá.

—Sólo me faltan pocas páginas —respondió Juanita.

Pasaron quince minutos.

—¡Juanita, apaga esa luz! —dijo la mamá con más insistencia.

—Oh, mamá, esto es muy interesante; sólo me faltan unas pocas páginas.

El reloj de la sala sonó a las diez y media.

—Juanita, si no apagas esa luz, iré a apagártela. Vas a arruinar tus ojos.

—Está bien, lo haré —fue la respuesta de Juanita—, pero no puedo leer en la escuela, y cuando llego a casa salgo a jugar, y cuando quiero leer de noche me obligas a apagar la luz.

A la mañana siguiente, Juanita se levantó sintiéndose cansada, enojada y con demasiado sueño.

—Mamá —dijo—, me duele la cabeza y no me siento nada bien.

—Quizá sea mejor, entonces, que no vayas a la escuela esta mañana si te sientes así. Haré una cita con el médico para que te examine.

Así, por la tarde, Juanita fue a ver al facultativo, pero éste no hallaba en ella ninguna dolencia, y le dijo que leyera las letras que aparecían en una tarjeta.

Juanita exclamó:

—No puedo leer esas letras, me duele la cabeza. ¡Oh!, esas luces son tan brillantes, me causan dolor en los ojos.

Entonces, el rostro del médico se puso serio.

—Sé lo que le pasa a esta niña. Ha estado leyendo demasiado con poca luz y los ojos han tenido que pagar las consecuencias. Si espera poder volver a leer, ha de quedarse en un cuarto oscuro durante dos meses o más para que sus ojos descansen. Y aún entonces... —y se detuvo sin terminar la frase.

—¡Oh!, mamá, ¿cómo podré hacerlo? —dijo Juanita llorando.

Los días se hicieron semanas y las semanas meses y Juanita tuvo que permanecer en un cuarto en penumbra.

Un día, el médico vino y le examinó los ojos. Opinó que pronto podría leer un poquito, siempre que fueran letras grandes.

Ahora, Juanita está dispuesta a ser cuidadosa con su más preciosa posesión, los ojos; y cuando, después de muchas semanas, se le permitió leer un poquito más exclamó:

—Mamá querida, creo que jamás tendrás que decirme la misma cosa dos veces. ¡Imagínate, podría haberme quedado ciega!

Una visita inesperada

Anita acababa de cumplir once años y estaba en el primer lugar de su clase en la escuela. Además de ser muy aplicada en el estudio, su maestra, la señorita Córdova, admiraba lo buena y cariñosa que era. Anita siempre estaba lista para limpiar el pizarrón, para poner en orden los libros, para abrir la puerta para la señorita Córdova; y cuando sucedía que Anita se encontraba con su profesora en camino a la escuela, solicitaba permiso para llevar su maletín de libros. Anita ponía atención durante la clase, y siempre contestaba en un tono de voz bajo y agradable. La señorita Córdova la observaba y pensaba que sería una joven muy atractiva cuando tuviese unos años más.

Era el mes de diciembre, y las Pascuas no estaban muy distantes. Cierta tarde la señorita Córdova fue a visitar a la señora de Cancio, la mamá de Anita, para pedir que la niña la acompañase al día siguiente a una fiestecita que se haría para unos niños sumamente pobres.

—Estoy segura que a Anita le encantaría ir —dijo la señora Cancio—, voy a pedirle que baje. Está en su cuarto arreglando unos libros.

Se acercó al pie de la escalera y llamó a su hija varias veces antes que Anita contestara. Entonces se oyó la voz de la niña gritando airadamente:

—¿Qué quieres?

—Ven abajo, Anita, deseo hablar contigo —contestó la señora de Cancio.

Pasó un largo rato antes que Anita bajara las escaleras. Cuando se acercó a la puerta de la sala comentó:

—¡Tanto que molestas! ¿No podías esperar?

Caminó hasta la sala y quedó estupefacta, sonrojándose, porque sobre una cómoda poltrona estaba sentada la señorita Córdova.

La profesora estaba muy triste. Pidió a la pequeña que se acercara y le dijo:

—Anita, he quedado pasmada y adolorida al ver cómo te portas con tu mamá. Anita querida, nunca debes hablar así en tu casa. Acuérdate que tu mamá te ama con ternura y hace más por tu bienestar que por cualquiera otra persona. Creo que sería bueno si fueras con tu mamá, le dieras un abrazo y le pidieras perdón. Temo que tienes dos clases de modales: una para la casa y otra para afuera. Siempre he creído que el elogio más grande que puede recibir una niña es que alguien diga que es tan amable en su casa como en otras partes.

Anita se mostró muy avergonzada. Caminó a lo largo del cuarto hacia su mamá, y poniéndole los brazos alrededor del cuello, le susurró:

—Mamá querida, lo siento mucho. Jamás te volveré a hablar tan groseramente.

Y cumplió su palabra.

Obedeciendo con placer

Luisito había visto a algunos muchachos mayores que él volar sus papalotes desde los techos de las casas, y pensó que sería divertido si él también pudiera hacerlo, así que se dirigió a su tía y le dijo:

—¿Tía María, puedo subir al techo de la casa a volar mi papalote?

Su tía nunca le negaba al niño algo que fuera para su bienestar, pero pensó que lo que le pedía sería sumamente peligroso, de modo que le contestó:

—No, Luisito querido, creo que ésa sería una diversión muy peligrosa. Preferiría que no subieses.

—Está muy bien —contestó Luisito—, entonces iré sobre el puente.

Su tía le sonrió y dijo que esperaba verlo siempre igual de obediente.

—Tío Juan, ¿puedo ir a la tienda esta mañana? —preguntó Luisito mientras desayunaban—. Deseo ver otra vez las cestas que estaba mirando ayer.

—Cómo no, Luisito, me gustaría verte por allá.

—Temo que no puedo permitirte ir hoy, Luisito —le dijo su mamá—. Desearía que salieras conmigo. Cualquier otro día puedes ir a la tienda.

—Bien —repuso Luisito y continuó comiendo.

Sin tomar en cuenta lo que a Luisito se le pedía que hiciese, o la negativa que recibiera cuando pedía algo, su acostumbrada y constante respuesta era: "Muy bien". Nunca preguntaba: "¿Por qué no puedo?" o "¿Por qué no debo?" Luisito no solamente había aprendido a obedecer, sino que había aprendido a obedecer alegremente.

Vendedor de periódicos

—Allí, por la calle central, en un día frío encontré a un vendedor de periódicos —relata un caballero—, sentado sobre una reja en la acera, porque a través de las rendijas ascendía un poco de calor que provenía del sótano. Tenía algo cerca de él, cubierto con un pañuelo viejo y harapiento. Al sentarme al lado de él, me amonestó:

—Cuidado, no la lastime ahora.

—¿Qué es?

Levantó el pañuelo con mucho cuidado, y allí sobre uno de los barrotes de la reja, casi helada, estaba una pequeña golondrina.

—¿Dónde la encontraste?

—En la calle, allí afuera. Hacía tanto frío que se cayó.

—Y, ¿qué harás con esa golondrina?

—Calentarla y luego soltarla. Si Dios cuida de ellas, ¿por qué yo no?

Salvado por un oso

Ignacio era cartero en el Ártico. Estaba a ciento cincuenta kilómetros de cualquier correo y la temperatura era de veinte grados bajo cero.

Con el corazón quebrantado, porque sus perros acababan de morir, el pobre hombre estaba por abandonarse a su suerte. Pero tenía una esposa y un nenito esperándole al final de su recorrido.

Hacía poco tiempo, todavía gozaba al hablar con sus perros. Ahora, no se percibía más sonido que el rompimiento del hielo, ninguna otra cosa a la vista más que nieve, nieve, en grandes trechos de deslumbrante blancura. La soledad era realmente indescriptible.

Finalmente, el pobre hombre sintió que no podría soportar más. Angustiado, clamó el Padre celestial:

154

—¡Oh!, no me dejes solo tanto tiempo: ¡envíame a alguien!, ¡oh!, envíame a alguien, porque de otra manera, ¡moriré!

Al anochecer, se acostó dentro de su talego de piel y se quedó dormido. Pero, ¿qué era lo que le estaba empujando?

Ignacio abrió los ojos y vio un enorme oso. Esto sí que era muy extraño, pero no sentía ningún miedo. Inmediatamente se levantó y le dio de comer pescado congelado. El gran animal se portó como un perro salvaje y, cuando se sintió satisfecho, se acostó al lado del cartero. Cuando Ignacio emprendió de nuevo su viaje, el oso le acompañó.

"Seguramente lo envió el gran Padre", pensó Ignacio.

La noche siguiente, lo alimentó de nuevo y los dos se acostaron uno al lado del otro. El calor del animal ponía nueva vida en Ignacio.

Cuando estuvieron a ocho kilómetros del correo, el oso, inesperadamente, regresó hacia el gran bosque lejano, y el valiente cartero jamás lo volvió a ver.

Mi patrón siempre está

—Juancito —le sugirió un cliente mientras observaba al muchacho que cuidaba la tienda durante la ausencia del dueño—, debes darme una medida extra. Tu patrón no está.

Juanito contempló gravemente el rostro del comprador y le respondió:

—Mi patrón siempre está.

El patrón de Juancito era el Dios que todo lo ve.

Ojalá que todos, cuando nos sintamos tentados a hacer algo incorrecto, adoptemos la actitud de Juancito: "Mi patrón siempre está." Él nos protegerá contra muchos pecados y nuestras angustias.

Una niña valiente

Una niñita había recibido una herida en la mano y fue llevada a que la atendiera el médico. Era necesario darle unas puntadas con una aguja de cirujano. Cuando el doctor hacía los preparativos, la pequeña movía nerviosamente los pies y la mamá la consolaba tiernamente.

—Esto no te hará ningún daño —le dijo el médico—. No muevas el brazo.

Luego añadió con una mirada al rostro acongojado de la niña:

—Puedes llorar cuanto quieras.

—Preferiría cantar —fue la respuesta de la niñita.

—Muy bien, eso sería mejor. ¿Qué sabes cantar?

—Sé cantar, "Bellas las manitas son". ¿Conoce usted ese canto?

—No estoy muy seguro. ¿Cómo empieza?

La pequeña paciente entonó los primeros acordes.

—¡Es muy bonito! —dijo el médico, con entusiasmo—. Quiero oírlo todo.

Mientras los hábiles dedos cerraban la herida, resonaba la dulce voz de la niña por todo el cuarto, y las únicas lágrimas que se virtieron, provenían de la madre.

Se da por cierto que ciertas expresiones de nuestros sentimientos tienden a disminuir el dolor. Ya que el llorar y el quejarse son angustiosos para nuestros amigos, ¿no sería mejor que todos procurásemos cantar? Jesús ayuda a sus hijos a cantar en todas las pruebas de la vida.

De raza de pastores

El papá de Juanito era pastor. Nunca, en el buen tiempo, había dejado de llevar sus ovejas a pacer apenas amanecía, y de traerlas al aprisco en la tarde antes de ponerse el sol.

Pero un día amaneció enfermo, tanto que no podía levantarse de la cama y María, su esposa, estaba muy inquieta, no sólo por él, sino por la suerte del ganado. El abuelito, por su parte, era demasiado anciano y...

—Mamá —le pidió Juanito—, mientras mi padre esté enfermo, yo puedo cuidar el rebaño.

—Déjalo, María. Que cuide el rebaño hoy. Cuando yo era de su edad podía cuidar el de mi padre. Que aprenda mi hijo el oficio de sus mayores. Confíale el rebaño, mujer —ordenó el pastor enfermo.

El padre sabía lo que decía. Vivían en tierra de pastores, y en la comarca la ocupación de los hombres era cuidar rebaños.

El niño ya lo acompañaba al campo y conocía a todos los corderitos, era amigo de las mansas ovejas y vagaba contentísimo con ellas por las laderas, los riscos y la pradera del valle. Sin embargo, cuidar un numeroso rebaño no es trabajo de niños, sino de hombres. Pero en fin...

La mamá se dio prisa a preparar un morral con comida para el nuevo pastorcito y, al colgárselo al hombro, lo besó, recomendándole:

—Toma tu alimento a mediodía, hijo. Ya sabes, cuando la sombra de la yerba desaparece bajo cada tallo, es la hora de comer para los que cuidan los ganados.

—Así lo haré, madre —prometió el pequeño.

—Cuida bien que el rebaño no se desvíe hacia el bosque —advirtió su padre.

—Vigila sin distraerte, niño, porque el lobo llega cuando el pastor se descuida —aconsejóle su abuelo.

El pequeño prometió al salir de la cabaña:

—Tendré cuidado de todo. El lobo no se llevará uno solo de mis corderos.

Abrió el aprisco y empezaron a salir las ovejas y los corderitos, sus amigos. Él los contaba cuidadoso, y al fin, cuando pudo hablarles, les decía con su alegre voz de niño:

—¡Vamos, vamos! ¡Vamos a buscar prados de trébol y de margaritas!

—Be... be... ¡Beee! —le contestaban ellos siguiéndole.

El niño los guiaba sin titubear, tranquila y dichosamente, como el que sabe bien su asunto; atravesaron el camino real, traspusieron una colina y descendieron hacia el valle, rico en buena pastura, en el que ya otros pastores apacentaban sus ganados.

Al pie de la colina pasaba un claro arroyo. Juanito dejó beber largamente a sus animales y en seguida los condujo desde la orilla bordeada de árboles a los campos bañados de sol que se extendían como una ancha alfombra verde claro entre el arroyo y el espeso bosque verde oscuro.

Allí, bajo la tupida sombra de los robles y los pinos, vivían el venado, el ciervo, el jabalí y otros animales silvestres que se alimentaban de bellotas y retoños, y que gustaban de la soledad de la selva. En otros tiempos también existieron lobos en aquella espesura... Pero los señores habían cazado a muchos y ahuyentado al resto, y ya nadie pensaba encontrárselos. Solamente los ancianos, como el abuelito, y los niños, como Juan, creían en semejantes fieras.

Juan no tenía miedo. No había en su rebaño un corderito más alegre que él. Cantaba con los pájaros, corría con el arroyo, reía con el eco y cuidaba gentilmente lo que se le había confiado, tal y como antes viera a su padre cuidar el rebaño.

Así pasó la mañana, y la sombra de la yerba, larga en las primeras horas, cuando el sol estaba bajo en el cielo, había ido acortándose lentamente, y llegó el momento en que no hubo en todo el valle una sola yerba que proyectase sombra. Era el mediodía. El nuevo pastorcito abrió entonces el morral en el que mamá le había puesto una buena provisión de queso y tortas de harina. Tenía buen apetito y estaba contento, muy contento y tranquilo. Pero en el preciso instante en que se llevaba a la boca el primer bocado, escuchó un lejano clarín, batir de tambores, flautas, rumor de gente a caballo y se detuvo. ¿Sería el rey?

Sí, el rey, con su séquito de caballeros, escuderos, pajes y la guardia de soldados, que venía por el camino real. Los pastores, oído alerta, se miraron unos a otros y se hicieron señas gritando:

—¡El rey! ¡Por allí! ¡Vamos a verle pasar!

—Y entonces... ¿Quién se queda a cuidar los rebaños? —les gritó el niño.

Ninguno le contestó. Iban a todo correr hacia el camino real.

Juanito decidió, también, dejar su almuerzo para más tarde y hacer lo que los demás hacían; así pues atravesó a plena carrera la llanura, cruzó el arroyo y subió por la falda de la colina que ocultaba a su vista el camino real. Pensaba mientras trepaba:

"¡Buena suerte la mía! Nunca había pasado el rey por este camino, desde que yo soy Juanito... Y qué contenta se va a poner mamá cuando le cuente que yo vi al rey, y a sus caballeros, y su tropa, y sus escuderos, y pajes."

De súbito, cerca ya de la cima de la colina, recordó la selva, el lobo y las palabras de su abuelo, y se detuvo en seco. Los pastores le llamaron.

—¡Corre, corre, pequeño, allí vienen! ¡El rey en persona! ¡Apresúrate!

El niño replicó con sencillez a los que pudieron oírle:

—¡No!, yo tengo que cuidar mi rebaño.

Y dio media vuelta, regresando al campo más aprisa aun de lo que le había dejado, no obstante que los tambores y platillos, las flautas y clarines parecían llamarlo marcialmente: "Ven aquí, ven aquí, ven aquí".

La verdad es que el niño iba con los ojos húmedos. No lloraba, pero era muy duro renunciar a ver el paso del monarca con su séquito y su escolta, cosa que él conocía solamente de oídas.

Nada había en la llanura que amenazase a las ovejas y corderos; todo estaba tranquilo y los rebaños pacían sin traspasar los límites del campo inundado de sol. Pero en el bosque...

En el bosque, bajo la sombra, acechaba un lobo gris, hambriento, que ese día había bajado del monte en busca de un buen bocado. Venía despacio, agazapándose, haciendo apenas ruido con sus peludas patas; alerta las puntiagudas orejas, brillantes los ojos, la nariz al aire, olfateando... aproximándose a los linderos del bosque, y desde allí percibió el ganado que pacía solo, sin pastores que lo protegiesen y se dijo:

"¡Ésta es la mejor ocasión de mi vida!"

Y de un salto se lanzó fuera de la sombra, dirigiéndose al grupo de ovejas más cercano, en los momentos que Juanito descendía, corriendo, la cuesta de la colina.

—¡El lobo! ¡El lobo! —gritó a todo pulmón el pastorcito.

Su voz de alarma, clara y aguda, se hizo oír en todo el valle. Volvió a gritar y a gritar, sin miedo alguno, y acudieron los pastores, los caballeros y hasta el mismo rey al conocido llamado del pastor que avisa un gran peligro, y persiguieron al lobo, que se había internado en el bosque. Corría despavorido, huyendo de aquellos lugares tan peligrosos para él.

Tan escarmentado quedó el lobo después de la batida que organizaron los jinetes en contra suya, que nunca más volvió a vérsele en aquel reino, por más que desde ese día todo pastor estuviese siempre alerta, atisbando su temido regreso.

Juanito condujo su rebaño al aprisco al caer la tarde, y luego corrió a la cabaña, para saludar a sus mayores. Su mamá le esperaba en la puerta y le preguntó:

—¿Te pareció largo el día, hijo? ¿Te sentiste muy solo?

—No, madre —contestó él abrazándola.

—¿Vino el rebaño completo? —preguntó el padre desde adentro.

—Ni un corderito falta, padre —sonrióle el niño contento.

—¿Apareció el lobo, pequeño? —preguntó el abuelito.

El niño entró, se acercó al anciano y en respuesta a su pregunta contó a todos la gran aventura de aquel día inolvidable. Cuando terminó su sencillo relato, la mamá le besó enternecida y el padre dijo orgulloso:

—Bien, hijo. ¡Eres de raza de pastores!

El abuelito nada dijo. Tan sólo colocó su mano sobre la cabeza del niño y lo bendijo silenciosamente.

Arreglado por Bertha von Glumer

Los males de la señora Ratina

¡Oh! Qué mal se sentía la señora Ratina. Estaba cansada, muy cansada, la cabeza le dolía, sus ojos antes vivos y brillantes estaban tristes y opacos, su piel de terciopelo gris, de la que antes estaba orgullosa, aparecía ahora hirsuta, sin lustre, llena de manchas.

¡Pobre señora Ratina, estaba mala, muy mala!

—Señora —dijo Bisbirinda, una ratita muy lista y muy simpática que había entrado al servicio de la señora Ratina, desde que ésta por sus enfermedades no podía desempeñar sus quehaceres—. ¿Por qué no va usted con el doctor Colín? Es un médico famoso, a papá lo curó el año pasado de una indigestión terrible por haberse comido un enorme queso de bola, y a mamá le hizo echar el veneno que en una casa habían puesto para matarla, y que ella, sin saber lo que era, comió tranquilamente.

—¿Y dónde da consulta ese médico? —contestó vivamente interesada la señora Ratina.

—Muy cerca de aquí, señora, al pie del gran ahuehuete tiene su consultorio.

—Pues vamos allá. Veremos si él puede curarme.

La señora Ratina, con mucha dificultad, y ayudada por Bisbirinda, salió apoyándose en el hombro de la criadita hasta llegar al ahuehuete. En la puerta estaba la enfermera, una linda ratita vestida de blanco de la cabeza a los pies.

Cortésmente las hizo pasar a la sala de espera, donde otras ratas, ratones y hasta ardillas y liebres esperaban su turno. Uno a uno fueron desfilando los pacientes hasta que llamaron a nuestra amiguita. El doctor era un ratón alto, muy derecho, con su brillante piel perfectamente cepillada, su colita muy tiesa y cubierto con una bata blanca inmaculada.

—Vamos a ver, señora. ¿Qué es lo que le sucede? —preguntó amablemente, acercándole una silla.

—¡Ay, doctor! No sé lo que tengo. Todo me duele. Todo me molesta y ni siquiera el queso ni la harina me llaman la atención.

—Malo, malo. ¿No le atraen el queso ni la harina? —dijo arqueando las cejas y poniendo sus lentes sobre la nariz—. Eso sí que es de alarmar. Pero vamos a ver... primero los ojos ...¡Oh! ¡oh!, amarillos, no me gusta eso... las uñas... ¡uf!... están muy pálidas... a ver el pulso... —y tomándole la mano miraba fijamente su reloj.

Por fin después de unos minutos levantó la cabeza.

—Lo que usted tiene es un estado terrible de debilidad. Vamos a darle este tónico para fortalecerla.

Escribió rápidamente una receta y la despidió diciéndole:

—Ya verá cómo la curamos, y si esta medicina no surte efecto, vuélvame a ver; y si no puede venir, mándeme llamar.

La señora Ratina salió muy alentada, seguida por Bisbirinda. Pasaron por la farmacia para surtir la receta y pronto estuvieron en casa.

—¡Ay, Bisbirinda!, apenas entro en la casa y ya me vuelve el dolor de cabeza. Cierra, cierra esa ventana que el aire me hace daño.

—Tome su tónico, señora, y acuéstese, tal vez sea la fatiga del camino.

Y diciendo y haciendo, le dio la cucharada y acostó a su ama cuidadosamente.

Pasaron varios días. La señora Ratina se había acabado el frasco del tónico y no había sentido mejoría: al contrario, cada día estaba más enferma.

—¿Lo ves, Bisbirinda, cómo no me ha curado tu doctor?

—Señora, lo veremos otra vez.

—Dices bien, ve pronto a llamarlo.

Bisbirinda corrió en seguida por el doctor Colín, y regresó diciendo que no tardaría en llegar. Efectivamente, al poco rato estaba frente a la enferma.

—Malo, malo. ¿Por qué están las ventanas cerradas?

—¡Ay, doctor!, es que el aire me hace mucho mal.

—¿Le hace mal? No señora, ahora me doy cuenta de lo que es su enfermedad. ¡Claro! La falta de luz tiene que traer a usted toda clase de enfermedades. Inmediatamente va usted a abrir esas ventanas.

—Pero, doctor, ya es de noche, las abriré mañana.

—No, señora, usted debe dormir con la ventana abierta y mañana volveré a recetarla. Por ahora nada más eso: dormir con la ventana abierta y el cuarto bien ventilado.

Quieras que no quieras, la señora Ratina durmió esa noche con la ventana abierta, pues, a pesar de todas sus protestas, Bisbirinda no quiso cerrarlas por haberlo ordenado así el médico.

—¡Bisbirinda! ¡Bisbirinda! —gritó la señora Ratina al despertar a la mañana siguiente—. Mira, estoy mejor, se me ha quitado el dolor de cabeza y tengo ganas de levantarme, de comer, de salir al campo.

Cuando el doctor Colín llegó, la encontró muy alegre, sentada cerca de la ventana que tanto bien le había hecho.

—¿Qué tal, señora, cómo van esos males?

—Creo que ya se van, doctor. He amanecido sin dolor de cabeza y sin ese cansancio que me molestaba tanto.

—Muy bien. Cuidado con volver a dormir con la ventana cerrada.

—Descuide usted, doctor. ¡No volveré a hacerlo!

—Pues ahora proseguiremos la cura. Va usted a salir a dar una vuelta por el parque para que respire aire puro y reciba los rayos del sol, que son la mejor medicina para todas sus enfermedades. Mientras tanto, mi mozo Orejín se quedará para ayudar a Bisbirinda.

La señora Ratina aceptó. Tomando su bolsito colorado, salió seguida por el médico.

Luego que partieron, Orejín, un ratoncito muy listo que hacía mucho tiempo servía al doctor, dijo a Bisbirinda:

—Anda, Bisbirinda, vamos a abrir todas las ventanas y puertas para que entren el sol y el aire. Yo creo que en este encierro y en esta oscuridad, hasta lagartos deben vivir.

Y seguido por la bulliciosa ratita, abrió de par en par puertas y ventanas.

—¡Oh!, qué alegre se ve la casa con este hermoso sol.

—¡Ya lo creo! Lleva las ropas de la cama al patio mientras yo saco la cama y el colchón para que el sol mate todos los microbios que puedan tener. Ahora a barrer, lavar y sacudir...

Y en un momento los dos activos ratoncitos, terminaron de asear todo.

Cuando la señora Ratina llegó, casi no reconoció su casa. Ahora estaba alegre, limpia y llena de luz.

—¡Oh, qué linda se ve mi casita!

—Pues más linda se va a ver usted cuando viva en ella, conservándola así de limpia y bien ventilada —contestó Orejín—. Verá cómo no vuelve a sufrir ninguno de sus achaques. Ya ha comprobado usted que el sol y el aire son buenos para la salud.

Desde ese día la señora Ratina no deja ni un día de ventilar perfectamente sus habitaciones, en las que reinan el sol y el aire que durante tanto tiempo estuvieron desterrados de allí.

Nunca más doña Ratina ha vuelto a sentir los dolores y molestias que sufriera, y según la opinión del doctor Colín y de Orejín, tanto ella como Bisbirinda están sanas, habiendo recuperado sus hermosos colores, el brillo de sus ojos y el lustre de su piel.

El elefante

Un hindú tenía un elefante, pero le daba mal de comer y lo hacía trabajar mucho. Un día el animalazo se enojó y pisó a su amo, causándole la muerte.

Entonces la mujer del hindú rompió a llorar, llevó a sus hijos a donde estaba el elefante, los echó ante las patas del animal y dijo a éste:

—Elefante, tú que has matado al padre, mata también a los hijos.

El elefante miró a los niños, asió con la trompa al mayor, lo levantó blandamente y lo sentó en su cuello. El elefante, desde aquel día, obedecía al chico y trabajaba para él.

León Tolstoi

El león y el perrito

En un parque de Londres mostraban fieras salvajes, cobrando por ello dinero o tomando como pago perros y gatos que servían de alimento a las fieras.

Un hombre que quiso ver esa exhibición atrapó un perrito en la calle y lo llevó al parque. Lo dejaron pasar, y echaron el animalito al león para que lo comiera.

El perrito se encogió en un ángulo de la jaula, el rabo entre las piernas. El león se acercó a él y lo olfateó. El can se tendió de espaldas, levantó las patitas y agitó la cola. El león le dio la vuelta con una pata. El perrito se levantó y se alzó de manos ante el león. Éste miró al can, volvió la cabeza a un lado y a otro y no tocó al chucho. Cuando el dueño de las fieras echó carne al león, éste arrancó un pedazo y dejó el resto al perrito.

Al anochecer, cuando el rey de la selva se acostó, su protegido se echó a su lado y descansó la cabeza en una pata del felino. Desde entonces, el perrito vivía en la jaula con el león. Éste no tocaba al chucho; comían y dormían juntos y, a veces, jugaban.

En cierta ocasión un hombre fue al parque y reconoció a su perrito; explicó entonces al dueño del espectáculo que aquel animal era suyo y pidió que se lo devolvieran. El dueño quiso hacerlo, pero, cuando llamaron al perrito para sacarlo de la jaula, el león, erizada la melena, rugió furioso.

En fin, el león y el perrito vivieron todo un año en una misma jaula. Al cabo de ese tiempo el can enfermó y murió. El león dejó de comer y no hacía más que oler a su compañerito, lamerlo y tocarlo con la pata. Cuando comprendió que el perrito estaba muerto, dio de pronto un salto, y, erizado el pelo, se golpeó los costados con la cola, se arrojó contra la pared de la jaula y se puso a roer los cerrojos y el piso.

El león estuvo todo el día agitándose en la jaula y rugiendo y, luego, se tendió al lado del perrito muerto y quedó inmóvil. El dueño del parque quiso retirar de la jaula el cadáver, pero el león no dejó que se le acercara nadie.

El dueño creyó que el león olvidaría su pena si le daba otro camarada y metió en la jaula un chucho vivo, pero el león lo despedazó al instante. Luego, abrazó entre sus patas al perrito muerto y no se movió en cinco días.

Al sexto día el león murió.

León Tolstoi

El hueso de la ciruela

Una madre compró ciruelas para darlas de postre a sus hijos. Las frutas estaban en un plato. Vania nunca las había comido y no hacía más que olerlas. Le gustaron mucho su color y su aroma y sintió deseos de probarlas. Todo el tiempo andaba rondando las ciruelas. Y cuando quedó solo en la habitación, no pudo contenerse, tomó una y la comió. Antes del almuerzo la madre contó las ciruelas y vio que faltaba una. Se lo dijo al padre.

Durante el almuerzo, el padre preguntó:

—Decidme, hijitos, ¿no ha comido ninguno de vosotros una ciruela?

—No —contestaron todos.

Vania se puso rojo como la grana y dijo también:

—Yo tampoco lo he hecho.

Entonces el padre dijo:

—Uno de vosotros ha sido, y eso no está bien. Pero eso no es lo peor. Lo peor es que las ciruelas tienen huesos, y si alguien no sabe comerlas y se traga uno, se muere al día siguiente, eso es lo que temo.

Vania se puso pálido y dijo:

—El hueso lo arrojé por la ventana.

Todos se echaron a reír, pero Vania estalló en sollozos.

León Tolstoi

Dos camaradas

Iban por el bosque dos camaradas cuando salió a su encuentro un oso. Uno de ellos echó a correr, trepó a un árbol y se ocultó entre las ramas. El otro se quedó en medio del camino. Viendo que no tenía escapatoria, se echó al suelo y se fingió muerto.

El oso se le acercó y se puso a olfatearlo. El hombre retuvo la respiración. El animal le olió la cara y, creyendo que estaba muerto, se alejó.

Cuando el oso se hubo marchado, el otro bajó del árbol y preguntó entre risas:

—¿Qué te ha dicho el oso al oído?

—Me ha dicho que los que abandonan a sus camaradas en los instantes de peligro son muy malas personas.

León Tolstoi

El pajarito vanidoso

Existía en la ciudad de México una dulcería en cuyo aparador había un hermoso pajarito de chocolate, tan bien hecho que parecía de verdad. A todas las niñas les llamaba la atención y todas lo querían comprar, pero su precio era muy elevado y solamente se le quedaban mirando. El pajarillo estaba muy orgulloso de sí mismo. Y cantaba así:

—Yo soy un pajarito de chocolate,
el ave más hermosa del mundo.

Un día el tonto y vanidoso pajarillo tuvo un susto espantoso. A su lado había un gato de chocolate que tenía un moño de color rojo. Hacía ya mucho tiempo que

estaba allí. De repente, la mano del dueño penetró en el aparador, tomó el gatito y lo sacó de allí. Luego el pajarillo de chocolate pudo ver a su amiguito, el gatito, entre las manos de una niña que estaba en la calle y vio cómo, con gran deleite, se comía la cabeza del gatito. Al ver eso el pajarito se quedó muy asustado, pensando que a él le podía pasar lo mismo, y más asustado se puso cuando oyó que la niña decía:

—Estás muy orgulloso, pero ya verás cuando te coma.

Y así pasaron los meses, y un día el papá de Pili (que así se llamaba la niña que había comprado el gatito de chocolate), le dio dinero suficiente para que fuera a comprarse el pajarito de chocolate. Hacía mucho tiempo que la niña lo deseaba, así que se apresuró a ir a la dulcería. En cuanto llegó se encaminó a la vitrina y, dirigiéndose al pajarito, le dijo:

—Ahora te toca a ti.

Esta amenaza hizo estremecer a la pobre avecilla de chocolate. Estaba asustadísima, no sabiendo qué hacer.

"Esto es horroroso", se dijo el pajarito. "¿Cómo es posible que yo, el ave de chocolate más hermosa, tenga que aceptar que me devore esa niña tan golosa, tan caprichuda y con unas manos tan sucias? Yo soy el pajarito de chocolate, el ave más bonita, y no quiero que me coman."

Una muñequita de dulce que estaba allí, le dijo al pajarillo:

—No seas tan vanidoso. Eres de chocolate y tú, como todos nosotros, estamos destinados a ser comidos.

Pero el pajarito de chocolate no quería creerlo. Estaba tan decidido a echar a correr antes de que la niña lo comprara, que se echó a volar frente a la misma mano del dueño que ya iba a tomarlo. Fue tan rápido que ni él, ni la asombrada niña pudieron detenerlo.

—*Yo soy el pajarito de chocolate,*
el más bonito y hermoso.

Así cantaba mientras volaba por todas las calles:

—*Yo soy el ave más bella*
del mundo entero.

Así llegó a un mercado donde encontró toda clase de pájaros. Había pericos, palomas, golondrinas... que lo miraban sorprendidos. Una pajarita muy coqueta le preguntó:

—¿Quién eres tú?

—¿Que quién soy yo? —repitió el pajarito de chocolate con acento de orgulloso—. ¿No ves que soy un pajarito de chocolate?

—Y, ¿para qué sirves? —le interrogó la paloma—. ¿Sabes poner un huevo?

El pajarito no le pudo contestar. Luego le preguntó si servía para hacer un sabroso caldo y tampoco supo qué decir.

—Pues al parecer, no sirves para gran cosa —le dijeron aquellas aves, echándose a reír y burlándose de él.

Eso hizo que se enojara el vanidoso pajarito y voló hasta donde estaba una periquera y cantó con todas sus fuerzas:

—*Yo soy un pajarito de chocolate,*
el ave más hermosa y bella de este mundo.

Una niña que pasaba por allí lo oyó y se quedó pensando cuánto le gustaría poder paladearlo. Se acercó al pajarito para cogerlo, pero él la vio y se echó a volar por todo el mercado, y la niña no lo pudo alcanzar.

Y así se escapó otra vez de que lo comieran.

Y mientras volaba, reflexionaba que sería mejor vivir en una casa. Imaginó que si encontraba una, sin duda lo nombrarían rey, porque era el ave más hermosa del mundo entero.

"Y entonces seré feliz", se dijo.

Siguió volando hasta que llegó a una hermosa casa con un gran jardín y muchos pajaritos. También había un perro, un gato, un conejo y un pavo real.

Se paró sobre una banca y empezó a cantar así:

—*Yo soy el pajarito de chocolate,*
el ave más hermosa del mundo,
y soy el pajarito más listo y sabio.

Todos los animalitos se le quedaron viendo muy asombrados y le preguntaron qué estaba haciendo allí, que su lugar estaba en la dulcería. El pajarito contestó que no quería vivir rodeado de chocolates porque corría el peligro de que se lo comieran las niñas y que él no deseaba terminar así, porque era el ave más hermosa del mundo.

Entonces el perro le dijo que no fuera tan orgulloso y tonto. Que él no podría estar en el sol porque se desharía. Él le dijo que no, porque era muy resistente. Pero el sol estaba fortísimo y hacía mucho calor y el pajarito no se daba cuenta de que su hermosa cola había desaparecido y que su pico comenzaba a derretirse.

Y así siguió derritiéndose poco a poco hasta quedar convertido en una pelotita... terminando así la vida del orgulloso pajarito de chocolate.

Y como al gatito le gustaba mucho el chocolate, se comió la pelotita que había quedado en medio del parque.

Carmelita Contreras

El patito Pelusilla

El sol matutino brilla
y el patito Pelusilla,
en la mañana divina,
entre las flores camina.

Pelusilla da unos gritos
de gusto ante un pollito;
y éste se aleja piando
al ver que sigue gritando.

Halló también un borrego
entregado a muchos juegos,
y se salió de la escena
diciendo: "¡Cómo me apena
dejar amistad tan buena!"

Al rato encontró a un perrito
jugando con un cochinito.
A los dos quiso invitar:
"Vamos todos a pasear,
¿no les gusta excursionar?"

Uno le dijo: "¿Qué pasa?,
¡pues con edad tan escasa
andas lejos de tu casa!"

Ya estaba casi llorando
por el sobresalto, cuando
llegó a encontrarlo en su pena
mamá pata, doña Elena.

"¡Al fin te encontramos ya!",
le gritó, feliz, mamá.
¡Qué contentos se sintieron
en cuanto juntos se vieron!

Qué de cosas le decía
cuando a su casa volvía,
y a mamá pata seguía.

Aquí está la moraleja:
Pelusilla: "Quien se aleja
de su hogar, siempre se queja"

Jane Werner
Adaptación para jardín de niños

El asno y el cerdo

Un jumento que vivía en una granja se lamentaba envidioso:

—El amo es muy injusto. He aquí al cerdo, que no trabaja; en vez de apalearle, le da comida abundante y sana. En cambio yo trajino desde que amanece hasta que anochece, y sólo recibo palos y hierbas.

Pero he aquí que mientras el borrico se ensombrecía con pensamientos tan amargos, unos hombres, armados de cuchillos, entraron en el establo y mataron al animal tan envidiado. Y hasta el asno comprendió que hay que desconfiar de la amistad y de la generosidad de los hombres.

El jumento enjaezado

Un hombre que —por excepción— era humilde y sencillo, vio en la feria un asno lleno de adornos.

—¡Qué bonito animal! —exclamó el campesino.

En efecto, aquel jumento llevaba una albarda nueva, un bonito cabestro, estribos y pretales magníficos, y en la cabeza, ondeante, un vistoso penacho multicolor. Completaban la singular elegancia del jaez, muchas borlas de seda, un lazo, y una reluciente campanilla de plata.

El confiado labrador pensó que no podría haber en la tierra otro animal más bello que aquél, y sin preocuparse demasiado por el elevado precio que pedían, lo compró. Cuando llegó a su casa llamó alegremente a su mujer y a sus hijos:

—Vengan —les dijo—. ¡Miren la magnífica compra que he hecho! Somos propietarios del asno más estupendo del mundo, del rey de los asnos.

Pero un amigo que había acudido por curiosidad, expresó sus dudas:

—¿Estás seguro de que el cuerpo del asno es digno de su magnífico atavío?

Atenaceado por la duda, el campesino libró al asno de la albarda, el cabestro, los estribos y los demás adornos. ¡Ay!, el cuerpo del animal infundía compasión, pues su pobre y miserable armazón se veía despellejada y llena de mataduras. Tan decrépito y enfermo estaba el pobre borrico, que murió ese mismo día.

Lo cual demuestra que nunca hay que fiarse de las apariencias.

El burro músico

Resulta que, después de haber correteado durante todo el día, el gamo fue a refugiarse en su guarida. Estaba a punto de quedarse dormido, cuando una voz dulcísima lo emocionó. Era la voz suave y melodiosa del ruiseñor. El gamo contuvo la respiración para escucharla.

El diminuto artista desgranó unas cuantas melodías, y después calló. El gamo salió de su guarida.

—¡Canta, canta, no te detengas! —imploró.

—Para que continúes apreciando mi canto, necesito no prodigarme demasiado —respondió sabiamente el pajarillo.

Se hizo de nuevo el silencio. El gamo se quedó dormido, pero poco después, el asno rompió con sus rebuznos el plácido sueño del animal. El gamo salió furioso:

—¡Tonto asno, cállate! No me dejas dormir.

—¿Qué importa que no duermas, si en cambio deleito a los demás animales con mis rebuznos? —respondió altivo el burro. Y continuó con su ridícula serenata.

—Cállate, estoy cansado; necesito un poco de silencio —suplicó el gamo, con los ojos enrojecidos ya por el insomnio, pero el borrico correteaba, rebuznando con toda la fuerza de sus pulmones.

Prontó el bosque entero despertó. Todos los animales suplicaron al burro que dejara de rebuznar, pero éste se limitó a decir:

—Mi voz es tan melodiosa como la del ruiseñor.

—Ah, ya comprendo —pensó el gamo con filosofía—. Esto ocurre siempre que guarda silencio quien debería hablar, y, por el contrario, quien más valdría que callase atruena con su ruidosa voz.

Versión de Fabiola Elfarah

El ratón de la ciudad y el del campo

Cierto día, un ratón de la ciudad convidó a comer muy cortésmente a un ratón del campo. Servido estaba el banquete sobre un rico tapiz: figúrese el lector si lo pasarían bien los dos amigos.

La comida fue excelente: nada faltaba. Pero tuvo mal fin la fiesta. Los comensales oyeron ruido a la puerta. El ratón citadino echó a correr; el ratón campesino siguió tras él.

Cesó el ruido y volvieron los dos ratones:

—Acabemos —dijo el de la ciudad.

—¡Basta ya! —replicó el del campo—. ¡Que te hagan provecho tus regios festines!, no los envidio. Mi pobre pitanza la engullo sosegado, sin que nadie me inquiete. ¡Adiós, pues! Placeres con zozobra poco valen.

El gallo y la perla

Un día, cierto gallo, escarbando el suelo, encontró una perla y se la dio al primer lapidario que encontró.

—Fina me parece —le dijo al dársela—, pero para mí vale más cualquier grano de mijo o de avena.

Los dos asnos: uno cargado de esponjas y otro de sal

Empuñando triunfalmente el cetro, como un emperador romano, conducía un humilde arriero dos soberbios pollinos, de aquellos cuyas orejas miden palmo y medio. El uno, cargado de esponjas, iba tan ligero como la posta; el otro, a paso de buey: su carga era de sal.

Anda que andarás, por sendas y vericuetos, llegaron al vado de un río, y se vieron en gran apuro. El arriero, que pasaba todos los días aquel vado, montó en el asno de las esponjas, arreando delante al otro animal. Era éste antojadizo y, yendo de aquí para allá, cayó en lo hondo y tanta agua lo bañó, que la sal fue disolviéndose, con lo cual sintió el lomo aliviado de todo cargamento.

Su compinche, el de las esponjas, quiso seguir su ejemplo, como asno de reata; zambullóse en el río, y se empaparon todos: el borrico, el jinete y las esponjas. Éstas se hicieron tan pesadas que no pudo ganar la orilla la pobre cabalgadura. El mísero arriero abrazábase al cuello del jumento esperando la muerte.

Por fortuna, acudió en su auxilio no sé quién, pero lo ocurrido basta para comprender que no conviene a todos obrar de la misma manera.

Y así concluye esta fábula.

Todos somos necesarios

Importa favorecer y obligar a todos. Muchas veces puede sernos útil la persona más insignificante. Dos fábulas relataré en apoyo de esta idea: ¡tanto abundan las pruebas!

I. El león y el ratoncillo

Un ratoncillo, al salir de su agujero, viose entre las garras de un león. El rey de los animales, portándose en aquel caso como quien es le perdonó la vida. No fue perdido el beneficio. Nadie creería que el león necesitase del ratoncillo; sucedió sin embargo que, saliendo del bosque, cayó el valiente animal en unas redes, de las que no podía librarse a fuerza de rugidos. El ratoncillo acudió y, royendo una de las mallas, dejó en libertad al selvático monarca.

A veces paciencia y constancia consiguen más que la fuerza y el furor.

II. La paloma y la hormiga

En un cristalino arroyuelo bebía una paloma. En esto, cayó al agua una hormiga, y la infeliz bregaba en vano dentro de aquel océano para cobrar tierra. La paloma, caritativa, una hoja de yerba dejó caer al arroyo; suficiente para salvar al insecto.

A poco, pasó por aquel punto un muchacho descamisado y descalzo; armado de una ballesta. Así que divisó a la amable ave de Venus, juzgóla ya en su marmita, y se relamía los labios; pero cuando aprestaba el arma, la hormiga le picó en un talón. El mozuelo volvió la cabeza; la paloma lo advirtió y echó a volar. Y voló también la cena del ballestero.

El lobo y la cigüeña

Los lobos son muy glotones. Uno de ellos diose un hartazgo, con tal voracidad, que casi le costó la pelleja. Se le atravesó un hueso en lo más hondo de las tragaderas y ni tan siquiera podía aullar para pedir auxilio.

Por fortuna, acertó a pasar una cigüeña; llamóla con señas, acudió y, cual diestro cirujano, hizo la extracción del hueso. Pidió después la paga.

—¿Paga? —exclamó el lobo—, estás loca, camarada. ¿No es bastante haberte dejado sacar la cabeza de mis fauces? ¡Ingrata eres! Vete, y cuida de no caer otra vez en mis garras.

La mosca y la hormiga

Disputaban la mosca y la hormiga sobre quién de ellas valía más.

—¡Oh Júpiter! —exclamó la primera—. ¿Es posible que el amor propio ciegue de tal modo, que un bicho vil y rastrero se atreva a compararse con la hija de los aires? Frecuento los palacios; me siento a tu mesa, si en tus altares inmolan a un buey, pruebo su sangre antes que tú, mientras que este animalejo mezquino y miserable, vive tres días de una pajilla seca que llevó arrastrando a su madriguera. Decidme, señora mía, ¿os posasteis jamás en la frente de un rey, de un emperador o de una mujer hermosa? Yo lo hago siempre que me da la gana. Jugueteo entre dorados cabellos, doy más realce a la blancura de un cutis alabastrino; y la última mano que da a su tocado la dama, cuando va en busca de conquistas, precisamente nos la debe a nosotras; después de esto, ¿para que venís a hablarme de vuestros graneros?

—¿Habéis concluido? —dijo la hormiga—. Frecuentáis los palacios, pero os maldicen en ellos; y en cuanto a ser la primera en gustar lo que sirven a los dioses, ¿qué sacáis de eso? Es verdad que entráis a todas partes, pero como entran los profanos. Os posáis en la frente de los reyes, pero muchas veces pagáis con la vida este atrevimiento. Cesad, pues, de vanagloriaros. No tengáis tantas pretensiones. Las moscas en todas partes incomodan, y los moscones también. Moriréis de hambre, de frío y de miseria cuando vaya Febo a reinar en otro hemisferio. Entonces gozaré yo del fruto del trabajo; no iré por esos vericuetos, sufriendo vientos y lluvias; viviré contenta; las fatigas del verano me librarán de afanes en invierno, y podréis ver en mí la distancia que hay de una verdadera gloria a una falsa. ¡Adiós! No me hagáis perder el tiempo; dejadme trabajar, que charlando y charlando no se llena la despensa.

El lobo, la cabra y el cabrito

Iba la cabra en busca de frescos pastos para llenar sus ubres agotadas y, cerrando la puerta, le dijo al cabrito:

—Guárdate bien de abrir, como no te den esta consigna: Maldito sea el lobo y toda su raza.

Por casualidad, el lobo pasaba por ahí, escuchó y retuvo esas palabras en su memoria. La cabra no había visto al voraz. Éste, apenas la vio partir, llamó a la puerta diciendo, con la voz mejor fingida que pudo:

—Maldito sea el lobo y toda su raza —creyendo que en el acto le abrirían.

El cabrito, suspicaz, miró por la rendija.

—Enseñadme la pata blanca, si queréis que abra —le dijo—. Pata blanca no es pata de lobo.

El feroz animal, cariacontecido, se volvió a sus matorrales. ¿Qué sería del cabritillo si hubiera prestado fe a la consigna sorprendida por el lobo?

Las precauciones nunca están de sobra. En estas cosas, mejor es pecar por exceso que por carencia.

El caballo y el asno

En este mundo hay que ayudarse unos a otros. Si muere tu vecino, caerá sobre ti su carga:

Iba un asno en compañía de un caballo descortés. No llevaba éste más que sus arneses, y el pobre jumento tal carga que no podía más. Rogóle al caballo que lo ayudase, aunque fuera un poco; si no, reventaría antes de llegar al pueblo.

—No pido mucho, le decía, la mitad de mi carga es nada para ti.

Negóse el caballo con el mayor desprecio; pero bien pronto vio morir a su camarada, y conoció cuán mal había obrado. Tuvo que llevar toda la carga del borrico y el pellejo del difunto por añadidura.

El perro que suelta la presa

Hacemos todos cuentas galanas, y son tantos los locos que corren tras de vanas sombras, que no es posible contarlos.

Al pasar por un río, un perro vio reproducida en la corriente la presa que llevaba en el hocico; soltóla para echarse sobre aquella sombra, y por poco se ahoga, porque el río creció de pronto y, con gran trabajo, el can pudo salir a la orilla, quedándose sin la presa que tenía y sin la que ambicionaba.

La paloma

Un pozo pintado vio
una paloma sedienta;
tiróse a él tan violenta,
que contra la tabla dio.
Del golpe al suelo cayó,
y allí murió de contado.

La oruga

Estaba entre unas hojas de lechuga
la miserable oruga.
Y al verla, don Modesto
exclamó con horror y haciendo un gesto:
"Dios santo y poderoso,
nunca he visto animal tan asqueroso".
Pero al siguiente día,
contento perseguía
corriendo sin cesar, de rosa en rosa,
a la oruga cambiada en mariposa.

El hijo desobediente

En una selva sombría,
un nido en un árbol vi;
y desde el nido "pí, pí",
un pajarillo decía.
Su buen padre que le oía
"Voy", dijo cariñoso,
"voy a volar presuroso
ricos granos a traerte,
espérame sin moverte
y procura ser juicioso".
Al verle el nido dejar,
dijo el cándido polluelo:
"¡Cuánto envidio, cuánto anhelo
el viento también cruzar!"
Quiso en el acto volar,
y el ala tendió imprudente;
mas descendió de repente
y horrible muerte encontró.

Castigo justo

Yo me robé una flor, Pepe decía,
y no me vio el simplón del hortelano.

De las muchas espinas que tenía
ninguna me tocó, gritaba ufano...
Entonces de la flor ¡oh!, suerte impía,
saltó una araña y le pico la mano.

Las caricias del burro

Viendo a un hermoso niño
que plácido dormía,
"¿Qué prueba le daré de mi cariño?",
pensaba un burro un día.
"Le besaré la frente,
y así mi dueña me verá más grata..."
Y pensando y haciendo juntamente,
hacia el niño corrió con embeleso
y levantó una pata...
y una coz le plantó por darle un beso.

Un pastor bromista

Un pastor, que apacentaba su rebaño bastante lejos de la aldea, se entregaba a menudo a la siguiente broma:

Gritando que los lobos atacaban a sus carneros llamaba en su socorro a los habitantes del poblado.

Dos o tres veces los cándidos vecinos, asustados, salieron precipitadamente en su ayuda, regresando defraudados.

Pero al fin, un día los lobos se presentaron y mientras diezmaban el rebaño, el pastor se desgañitaba inútilmente llamando a los de la aldea en su ayuda, pero éstos, creyendo que se trataba de una nueva broma, no le hicieron caso alguno. Y así perdió el pastor sus carneros.

El ratón y el gato

Con un pardo ratón, un rubio gato
de perpetua amistad hizo contrato,
y en menos que te lo digo
el rubio ingrato
se comió a su amigo.
Así acaba, en ocasiones,
amistad de gatos y ratones,
y debes evitar desde este día
cualquier peligrosa compañía.

El león y el mosquito

Un mosquito infeliz, ¡quién lo creyera!,
con un noble león entró en campaña;
picábale el mosquito de manera
que la muerte al león le dio con saña;
mas luego el vencedor, ¡oh, suerte fiera!,
fue a morir en la tela de una araña.

El cuervo y el zorro

En la rama de aquel pino,
muy ufano y muy contento,
con un gran queso en el pico
dragoneaba el señor cuervo.

Por el olor atraído,
un zorro, en ardid maestro,
estas palabras le dijo,
poco más o poco menos:

"Usted tenga días muy buenos,
señor cuervo, amigo y dueño.
¡Vaya! Estáis hoy muy bello,
guapo y lindo en extremo.

"No me gustan las lisonjas
y digo lo que yo siento,
que si a tu bella figura
corresponden los gorjeos,
juro por Ceres pura,
poniendo testigo al cielo,
que os está reservado
un lugar en sus imperios".

Al oír este discurso
tan dulce y tan halagüeño,
por la vanidad llevado
quiso cantar el cuervo.

Abrió el picote don tonto
y dejó caer el queso,
por lo que el astuto zorro
y después de haberlo preso,
dijo, burlándose: "Bobo,
pues que sin otro alimento
quedáis de alabanza pleno,
digerid halagos contento
mientras yo digiero el queso".

*Versificación de
Roberto Andrade Echauri*

El sapo, la rana y el buey

A un miserable sapo una mañana,
"Yo puedo más que un buey", dijo una rana;
"no lo dudes, amigo, el otro día
a un poderoso buey vencí luchando..."
Mientras así decía,
pasaba un buey y la aplastó pasando.

El interés

A su niño un caballero
un juguete le llevó
y al verle el niño exclamó:
—Hoy como nunca te quiero;
¿por qué te pones severo?
—Con justa razón te riño,
pues sólo me quieres, niño,
cuando juguetes me ves
y no debe el interés
inspirar nuestro cariño.

Las orejas de los conejos

—¿Por qué los conejitos tienen las orejas tan largas? —preguntó la niña Julia a su abuelito.

—¡Ah!, eso es largo de contar —contestó él—. Si quieres saberlo, trae tu sillita y siéntate a mi lado.

Y el abuelo refirió a su nieta Julia la siguiente historia:

—En cierta ocasión andaba un conejo por un campo de trigo, cuando de pronto oyó que alguien hablaba: era una rata que participaba a otra el haber descubierto un depósito de granos. Entonces, el conejo se escondió detrás de una cerca vecina que por allí había.

—Y, ¿por qué, abuelito? —insistió la niña.

—Las ratas continuaron su charla, pero como el conejo no oía bien, puso más atención, y entonces comenzaron a crecerle las orejas, hasta el grado de sobresalir de la cerca. Y como las ratas las vieron tan enormes, echaron a correr, dejando la plática para otra ocasión.

—Pero, ¿a quién más le crecen las orejas?

—Pues bien —agregó el abuelito—, yo creo que a ti también te están creciendo, pues el otro día te vi detrás de una puerta escuchando lo que hablaban tu mamá y tu tía.

Al punto Julia se llevó las manos a las orejas.

—¿Verdad que te han crecido? —preguntó el abuelo.

—Creo que sí —respondió Julia entre triste y avergonzada.

—Bueno. Yo te las cortaré un poco —y le dio ligeros pellizcos alrededor de los pabellones—. Ya las tienes cortadas y ahora espero que no volverás a esconderte para oír lo que hablan otras personas.

—¡Oh, no! No lo haré más —dijo Julia.

Y así fue. La niña cumplió su palabra.

El zapato de un pobre

Un pobre caminante, después de haber recorrido una larga distancia, llegó a un pequeño bosque. Venía rendido de cansancio; así que, con todo y ropa, echóse a descansar sobre un montón de hojas.

Poco después, sintió dolor en un pie; era que el zapato le hacía daño en el talón, pero se quitó el calzado y entonces ya pudo dormir tranquilo.

Al despertar por la mañana, levantóse para seguir su marcha; mas no pudo ponerse el zapato porque tenía el pie hinchado.

El pobre hombre se vio obligado a romper su choclo, quitándole la parte delantera. Y sin embargo tampoco entró al pie.

Entonces arrojó el zapato lejos de sí, diciendo:

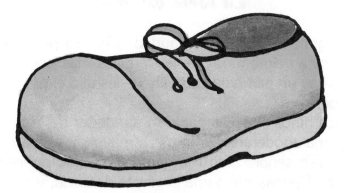

—¡Esto ya no sirve! —y continuó descalzo su camino.

Pocos días después, la pequeña Adolfina paseaba con su papá por el bosque.

—¿Qué es eso? —inquirió de pronto Adolfina—. Mira, papá; creo que un zapato viejo está prendido de aquella rama.

—Es verdad, hijita.

—Yo creo que algún muchacho ocioso o algún caminante arrojó allí el zapato por inservible —opinó la niña.

—Pudiera ser, pero te advierto que ese zapato no es inservible, porque en el mundo todo tiene alguna utilidad.

—Pero si ese zapato ya está muy roto. ¿Para qué puede servir?

—Mira —dijo el papá bajando la rama con su bastón.

—¡Oh, qué monada! —exclamó Adolfina—. ¡Es un nido de pajaritos!

Efectivamente, en el interior del zapato estaba, construido con hojas secas y briznas de hierba, un gracioso nidito que guardaba cinco huevecillos azulados.

Daniel Delgadillo

Los caracoles

Dos caracoles un día
tuvieron fuerte quimera
sobre quién mayor carrera
en menos tiempo daría.

Una rana les decía:
—Yo he llegado a sospechar
que sois ambos a la par
algo duros de mover;
antes de echar a correr
mirad si podéis andar.

Juan E. Hartzenbusch

La torta de pan

Una vez hubo gran hambre en la ciudad. Un rico panadero ofreció regalar diariamente una torta a veinte niños de las familias más pobres.

—En esta cesta hay un pan para cada uno —les dijo el primer día—, tómenla y vuelvan cada día por otra.

Los hambrientos niños se arremolinaron alrededor de la cesta, peleando porque cada quien quería apoderarse de la pieza mayor, y se marcharon sin siquiera dar las gracias al buen señor. Sólo Margarita, una niña pobremente vestida, no luchó con los demás. Permaneció a una prudente distancia, y cuando los maleducados niños se marcharon tomó la torta que quedaba, que era muy pequeña; la colocó en su cesto, besó la mano del caballero y se dirigió a su casa.

Al siguiente día se repitió la escena y la pobre y tímida Margarita alcanzó una torta más pequeña que la anterior. Mas al llegar a su casa y partir su madre el pan, encontró que contenía unas piezas de plata.

La madre alarmada le dijo:

—Lleva ese dinero al buen señor, debe habérsele caído en la masa. ¡Aprisa, Margarita!

La niña llevó el dinero al rico caballero, quien lo rechazó, diciendo:

—No, hija mía, no ha sido accidente. Coloqué unas piezas de plata en la torta más pequeña para premiar la modestia. Ve a tu casa y di a tu madre que el dinero es suyo.

El campesino y sus hijos

Un campesino tenía siete hijos que siempre estaban disputando. A menudo les había reprendido esa constante reyerta de unos con otros, pero ellos continuaban sus disgustos.

Un día los llamó a su presencia y les mostró un haz formado por siete varas fuertemente atadas, y les dijo:

—Veamos quién de ustedes es capaz de romper este haz.

Cada uno de los hijos tomó el haz en sus manos e hizo esfuerzos inauditos por romperlo; mas era tan fuerte que ni doblarlo pudieron, viéndose obligados a devolverlo, diciendo:

—No podemos romperlo.

El padre desató las varas y dio una a cada uno de sus hijos.

—Ved si podéis romperla.

Cada uno rompió su rama con mucha facilidad.

—Hijos míos —habló el padre—, vosotros, como estas ramas, seréis fuertes si os unís estrechamente; seréis débiles si cada uno obra por sí propio.

La rana y la zorra

Una ranita saltaba alegremente por el verde pasto, cuando la vio la zorra.

—¿Te crees muy ligera, amiga rana? —dijo la zorra—. ¿Vamos viendo quién corre más?

—No tengo inconveniente —contestó la rana.

—Ganará la apuesta quien llegue primero al tronco de aquel grueso árbol.

—Yo daré la señal de partida —dijo la rana—. Una... dos... ¡tres!...

La zorra echó a correr velozmente. La rana brincó al lomo de la zorra.

Cuando llegó la zorra a la meta, volvió la cabeza para ver qué era de la rana, que había saltado a tierra colocándose delante de la zorra.

—¡Cuánto has tardado! Hace media hora que llegué —le dijo.

La zorra la contempló asombrada. Jamás pudo explicarse cómo llegó antes que ella la burlona rana.

El puente de las hormigas

Al pie de un árbol fabricaron su casa unas laboriosas hormigas rojas. Exteriormente era sólo un agujero; pero el interior semejaba un verdadero palacio subterráneo.

Una tarde de agosto salieron todas las hormigas obreras en busca de alimentos, para abastecer una bodega recientemente construida dentro del palacio.

La hormiga reina había ordenado que se llenara la bodega desde luego, a fin de hacer frente al invierno. Quedaron solamente en el hormiguero la reina, las hormiguitas pequeñitas y las nodrizas.

Cuando más afanosas las obreras se entregaban a su tarea, un fuerte aguacero las sorprendió, impidiéndoles el regreso. Terminada la lluvia, salieron del escondite donde se habían resguardado y trataron de regresar, mas no había paso al hormiguero.

Un verdadero río les impedía llegar a él. Los lugares más angostos eran cien veces más grandes que el cuerpo de una hormiga y ellas no sabían nadar. Estaban en esa aflicción cuando oyeron un ruido en un matorral cercano. Era una culebra que, al ver su apuro, les dijo:

—Yo os serviré de puente.

Se arrojó al charco, apoyando su cabeza en un extremo y su cola en el otro. Las hormigas pasaron por el improvisado puente con facilidad.

Dieron las gracias a la culebra y ofrecieron recompensarla, pues los animales pequeños suelen ser útiles a los grandes.

Ayala y Pons

Leyenda purépecha del mago del tambor

Esta leyenda que conocí
te habla del México de ayer:
es una historia que aprendí;
y que tú debes conocer.
En Michoacán la escuché,
de Zirahuén te hablará.

Hace muchos, pero muchos años, antes que tú hubieras nacido, existía una bellísima ciudad purépecha llamada Zirahuén. Sus campos estaban siempre llenos de flores y el olor de sus bosques inundaba el ambiente con una agradable frescura. Todos sus pobladores vivían dedicados al trabajo del campo. Además, eran hábiles orfebres, alfareros y tejedores de lana.

Pero con tantas y tantas ocupaciones se habían olvidado de educar el corazón de sus hijos. Pues bien, todos los lunes celebraban su día de tianguis y a la algarabía de los mercaderes, que ofrecían sus variadas mercancías, se unían la alegría de su música y los trinos de las aves que cruzaban por los aires.

Cerca de los artistas musicales, los danzantes ejecutaban sus magistrales ritmos al compás de sus sonajas... Poco a poco, al declinar las luces del día, se iban retirando los compradores y comerciantes, así como los danzantes que habían estado alegrando aquel día. Únicamente, como en todas partes, quedaron algunos chicos jugando y haciendo mil travesuras en la hermosa explanada de la ciudad.

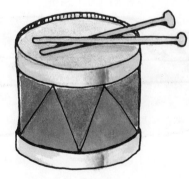

A lo lejos, rendido por el cansancio y con las ropas harapientas, se vio llegar cojeando a un anciano cargado con un viejo morral al hombro. Poco a poco iba cruzando la plaza mayor deteniéndose a cada instante para no agotarse más.

De entre los niños, uno, el más travieso, empezó a imitarlo y a mofarse de su forma de caminar, y no sólo se atrevió a imitarlo, sino que invitó a sus demás compañeros a formarle rueda y a asediarlo con sus bromas, molestándolo con sus flautas de carrizo.

El pobre anciano se recostó junto a un árbol y aun ahí lo siguieron embromando; sin embargo, él pacientemente soportó aquellas insolencias, y al más necio le obsequió un tambor, que sacó de su raído morral. El muchacho lo recibió encantado y a la vez con asombro, porque su mala acción había tenido un premio inesperado.

A lo lejos se ecuchaba el suave canto de las aves que hacía más bello aquel paisaje, pero los trinos se vieron interrumpidos por el incesante golpear del tambor del chiquillo.

Las aves dejaron de cantar y sólo se escuchaba el *bum, bum* del tambor. A lo lejos, el viejecillo se iba retirando poco a poco, sonriendo con una mueca vengativa, al mismo tiempo que continuaba el *bum, bum, bum...* Aquel anciano sabía que el tamborcillo era un instrumento encantado y que él no era un forastero, sino un poderoso mago.

Bum, bum, bum... el chico tocaba con mayor frenesí y, al continuar su redoble, el viento empezó a silbar fuertemente haciendo que los árboles se balancearan con estrépito, casi hasta rozar el suelo con sus altas copas.

De pronto el sol exclamó:

—¿Qué pasa, por qué este viento tan fuerte cuando yo voy a descansar?

Y también acudió la luna.

Comenzaron a salir las más relucientes estrellas. Los irresponsables chicos, no se explicaban lo que ocurría y seguían sonando el tamborcillo: *bum, bum...*

Al oír sonar tan fuerte el instrumento, el viento se agitó furiosamente y con su fuerza llamó a las nubes.

—¿Quién nos llama? ¿Qué quieren de nosotras? —respondieron éstas.

Una voz terrible les ordenó:

—Tapad al sol. No dejéis que salga la luna, llamad a vuestros amigos los rayos y a vuestras hijas las gotas de lluvia. Volcad vuestras aguas y dejad caer sobre este poblado, en donde habitan seres de mal corazón, días y días de fuerte lluvia.

Al terminar su danza las nubes y los rayos, se inició una fuerte lluvia que duró días y noches enteras, y el agua llenó los arroyuelos y los ríos que se desbordaron sobre el campo y el poblado.

Los habitantes huyeron hacia las montañas. Dejaron sus casas prometiendo, en su huida, ser más generosos y caritativos con los ancianos para no sufrir otro castigo tan fuerte como éste que los hacía abandonar su bella ciudad.

Como recuerdo de aquel hecho, quedó un hermoso lago enclavado en el hermoso estado de Michoacán, que se llama igual que la ciudad de este relato: Zirahuén, en donde algunas veces, cuando llueve mucho, se escucha todavía el *bum, bum* de un tambor.

Adaptación de
Luz Ma. Jiménez Gregg

La leyenda del zempoalxóchitl

Lejos, muy lejos, allá en el norte, en el lugar llamado Las Siete Cuevas, vivían los hombres de color de bronce.

Adoraban al sol reverentemente, porque de él recibían luz y calor; él hacía lucir las más bellas flores y madurar los más ricos frutos; por eso era que de él esperaban todo bien.

Los moradores de Las Siete Cuevas, los hombres de color de bronce, sabían que algún día sería preciso que dejasen la tierra donde sus ojos se abrieron a la luz, para ir a establecerse a otro lugar que ellos no conocían.

Así pasaba el tiempo y ellos, tranquilos y contentos, trabajaban y esperaban. Un día una voz misteriosa les dijo:

—Disponeos, porque ha llegado el momento de ir en busca de la nueva tierra.

Obedientes a aquella voz portadora de la voluntad de sus dioses, se dispusieron

a emprender el viaje.

Con el nuevo sol habrían de abandonar aquellos lugares donde descansaban, durmiendo para siempre, abuelos, padres, hermanos, parientes y amigos. Entonces ardiente, fervorosamente, pidieron al sol les diese una flor que les recordara, durante su camino y para siempre, a todos aquellos que dejaban gozando del sueño eterno, lo mismo a la tierra donde por tanto tiempo habían tenido abrigo y sustento.

El sol oyó sus ruegos, y al amanecer el nuevo día, las tumbas todas y la tierra, hasta donde la vista podía alcanzar, se encontraron cubiertas de unas flores grandes, como bolas de oro, que habían sido formadas por el sol poniente.

Los hombres de color de bronce se prosternaron en acción de gracias por el don recibido y se dispusieron a emprender el viaje. Después de varios días, de muchos meses y de largos años, llegaron a la nueva patria. Allí escucharon de nuevo la misteriosa voz, indicándoles haber llegado al final de su jornada.

Un templo y numerosas chozas fueron construidas. Junto a ellas nació y creció una hermosa flor formada por los rayos del sol poniente, la flor del recuerdo, a la que llamaban *Zempoalxóchitl.*

Desde entonces, cuando los hijos de los hombres color de bronce visitan de año en año las tumbas de sus abuelos, de sus padres de sus hermanos, de sus parientes o de sus amigos desaparecidos, llevan como ofrenda la flor más hermosa, la flor del recuerdo, aquélla que hizo florecer el cariño de una raza.

L. Barbière

Leyenda del fuego

Hace mucho, los huicholes carecían de fuego y por ello su vida era muy triste y dura. En las noches de invierno, cuando el frío descargaba sus rigores en todos los confines de la sierra, hombres y mujeres, niños y ancianos, padecían mucho.

Las noches eran para ellos terribles pesadillas y no había más que un solo deseo: que terminaran pronto para que el sol, con sus caricias bienhechoras, les diera el calor que tanto necesitaban.

No sabían cultivar la tierra, no conocían ninguna de las artesanías como las que ahora causan admiración a los turistas; sus habitaciones eran cuevas o, simplemente en los huecos de los árboles o en sus ramas formaban sus hogares.

Vivían tristes, muy tristes; pero había muchos animales que estudiaban la forma de hacerlos felices.

Un día cayó un rayo y provocó el incendio de varios árboles. Los hombres vecinos de los huicholes, enemigos de ellos, aprisionaron el fuego y no lo dejaron apagar; para ello nombraron comisiones que se encargaron de cortar árboles para saciar su hambre; porque el fuego es insaciable devorador de plantas, animales y todo lo que se pone a su alcance.

Varios hombres hicieron el intento de robarse el fuego pero murieron acribillados por las flechas de sus enemigos: otros cayeron prisioneros y fueron arrojados al fuego. Escondidos en una cueva el coyote, el venado, el armadillo, la iguana y el tlacuache, tomaron la decisión de proporcionar a sus amigos tan valioso elemento.

Por sorteo fueron saliendo uno a uno, pero al ser sorprendidos por los vigilantes, murieron sin lograr sus propósitos. Sólo quedaba el tlacuache y éste, decidido a ayudar a sus amigos, se acercó al campamento y se hizo bola y así pasó siete días sin moverse, hasta que los guardianes se acostumbraron a verlo.

En ese tiempo observó que casi siempre, en las primeras horas de la madrugada, todos los guardianes se dormían. Al séptimo día, aprovechando que sólo un soldado estaba despierto, se fue rodando hasta la hoguera. Una vez allí, metió en ella la cola y una llama iluminó el campamento. Con el hocico tomó un pequeño tizón y se alejó rápidamente.

El guardia, que al principio creyó que la cola del tlacuache era un leño, cuando lo vio correr empezó la persecución. Millares de flechas surcaron el espacio y varias de ellas dieron en el generoso animal.

Al verse moribundo, cogió una brasa del tizón y la guardó en su marsupia (bolsa); los perseguidores lo alcanzaron, apagaron la flama que había formado con su cola y lo golpearon sin piedad hasta dejarlo casi muerto.

Después, se alejaron lanzando alaridos terribles y pregonando su victoria y al mismo tiempo sus compañeros danzaban alrededor del fuego. Mientras tanto el tlacuache, que había recobrado el sentido, se arrastró trabajosamente hasta el lugar donde estaban los huicholes y allí, ante el asombro y la alegría de todos, depositó la brasa que guardaba en su bolsa.

Rápidamente el pueblo preparó una hoguera cubriéndola con zacate seco y ramas de los árboles, y después de curar a su bienhechor bailaron felices toda la noche.

El generoso animal, que tanto sufrió para proporcionar fuego, perdió el pelo de su cola, pero vivió contento porque hizo un gran beneficio al pueblo de sus amigos.

Alfredo Calderón Téllez

Leyendas sobre las flores

El aciano

La reina Luisa de Prusia fue una hermosa dama de gran valor. El emperador Napoleón el Grande invadió su país y se apoderó de él, oprimiendo al pueblo, pero la reina luchó valientemente contra el invasor.

Sin embargo, el enemigo tomó Berlín, la capital, y la reina, que tras muchas penalidades pudo escapar con sus hijos, fue a esconderse en un campo cubierto de acianos. Los niños asustados empezaron a llorar. Entonces, la reina Luisa, temiendo que alguien los oyera y los descubriera, cogió algunas de aquellas florecitas azules y haciendo con ellas coronas y ramas para los pequeños príncipes, logró distraerlos de su pena.

Uno de ellos se llamaba Guillermo y algunos años después derrotó al sobrino de Napoleón. Proclamado primer emperador de Alemania, tomó como símbolo el aciano.

El crisantemo

En la Selva Negra, en Alemania, vivía un campesino llamado Hermann. La víspera de Navidad, cuando regresaba a su casa, encontró a un niño pequeñito tendido sobre la nieve. Lo tomó en brazos y lo condujo al modesto hogar donde le aguardaban su esposa e hijos, quienes, compadeciéndose del pobre niño, compartieron alegremente con él la humilde cena que tenían preparada para aquella festividad.

El pequeño forastero permaneció toda la noche en la cabaña y a la mañana siguiente, después de revelar que era el niño Jesús, desapareció. Cuando volvió a pasar Hermann por el lugar donde había encontrado al Niño, vio que habían nacido entre la nieve unas flores hermosísimas. Cogiendo un buen puñado de ellas las llevó a su esposa, quien les dio el nombre de crisantemos, esto es, flores de Cristo, o más propiamente, "flores de oro". Y en lo sucesivo, toda Nochebuena, en memoria del pequeño visitante, Hermann y los suyos daban a algún niño pobre parte de la cena.

La anémona

Según la mitología griega, existió en antiguos tiempos la ninfa de las flores, cuyo nombre era Cloris, y a su jardín solía acudir el espíritu del viento de occidente, Céfiro, enamorado de ella.

Vivían en aquel jardín otras muchas hermosas ninfas y, entre ellas, una jovencita llamada Anémona.

Un día Céfiro, demostrando poca afición por Cloris, comenzó a cortejar a la gentil Anémona. Celosa e irritada, aquélla arrojó a Anémona de su jardín, para que pereciera en los bosques.

Afortunadamente, Céfiro cruzó un día por allí, y viendo a la pobre Anémona moribunda, la convirtió en la blanca y graciosa flor que crece al pie de los árboles cuando florece la primavera.

La rosa de Jericó

La rosa de Jericó se conoce también con el nombre de "flor de la Resurrección", pues se le atribuye la propiedad de morir y después volver a la vida. Su origen tiene una hermosa leyenda.

Se dice que en aquellos días en que José y María huyeron a Egipto con el Niño Jesús, para salvarle de la degollación de los inocentes ordenada por el rey Herodes, la Sagrada Familia atravesó las llanuras de Jericó. Cuando la Virgen bajó del asno que montaba, esta florecilla brotó a sus pies para saludar al Salvador, a quien María llevaba en brazos.

Durante la vida del Salvador en la Tierra, la rosa de Jericó siguió floreciendo; pero cuando el Señor expiró en la cruz, todas estas rosas se secaron y murieron al mismo tiempo que él.

Sin embargo, tres días después, Cristo resucitó, y las rosas de Jericó volvieron a la vida, brotando y floreciendo sobre la llanura, como señal de la alegría de la tierra por la resurrección de Jesús.

El pensamiento

"Tres bonitas caras bajo una capucha" es el delicioso nombre que las jóvenes aldeanas inglesas han dado al pensamiento; "trinitaria" le han llamado las campesinas francesas.

Dícese que el pensamiento tenía en sus primeros días de existencia un aroma más suave y delicado que su hermana violeta. Crecía en los campos entre el trigo, y los aldeanos lo destruían a causa de que las espigas quedaban estropeadas por los que, en busca de tan bella flor, acudían a los trigales.

No era raro que en la época de la cosecha escasease el grano. Afligía esto profundamente a la flor, y un día de primavera rogó a la divina Trinidad le privase de su suave perfume, pues no quería ser la culpable de que se perdiese el fruto de las cosechas. Fue oída su plegaria: perdió la flor su aroma, y desde entonces las campesinas francesas la llaman "planta de la Trinidad" o "trinitaria".

La rosa

En los tiempos en que se creía en los antiguos dioses griegos, vivía en la ciudad de Corinto una señora de nombre Rodanta. Era soberanamente bella, y su casa era muy visitada por reyes y señores deseosos de su amor.

Huyó Rodanta de la turba de admiradores, refugiándose en el templo de Artemisa, la blanca y hermosa diosa de la pureza. Siguiéronla sus adoradores que, ayudados por la gente de Corinto, rompieron las puertas del sagrado recinto. Ofendida

Artemisa por el ultraje, convirtió a Rodanta en una encarnada rosa, que aún vive teñida con el carmín que encendió las mejillas de Rodanta cuando su hermoso rostro sufrió las miradas de sus admiradores.

Los profanadores quedaron convertidos a su vez en las espinas que defienden los encantos de Rodanta.

Adolfo D. Holmberg y otros

Las aves eligiendo rey

Cuando se reunieron todas las aves para elegir rey, surgieron numerosas disputas acerca de la manera como había de hacerse la elección.

—La belleza es una de las primeras cualidades que debe ostentar un monarca —dijo el pavo real—, mostremos todos nuestro plumaje.

—Lo primero es la dignidad —objetó la lechuza—, veamos quién tiene más noble aspecto.

—O quién sabe hablar mejor —observó el loro.

Pero el águila exclamó:

—¿Qué es lo que nos eleva por encima de todos los seres vivientes? Es el vuelo. Debemos pues elegir por nuestro rey a quien más alto se remonte en el aire.

Y como el águila era grande y vigorosa, impuso su voluntad a la asamblea.

A una señal convenida lanzáronse las aves todas al espacio, a ver quién se elevaba más alto. El águila no tardó en sobrepasar a todas las demás, y siguió subiendo hasta que se agotaron sus fuerzas.

Mas, en ese momento, un reyezuelo que hasta entonces había ido tranquilamente posado sobre la espalda de aquélla, abandonó su puesto y se remontó un poco más.

Imagínense la contrariedad del águila al ver que la asamblea elegía como rey a un pajarillo tan insignificante.

El poeta, el gnomo y el asno

Los poetas poseen la facultad de hacer surgir naciones poderosas al mágico conjuro de sus cantos, y de poblar de fantásticos espíritus las regiones deshabitadas.

Tomás, el Trovador, contábase en el número de estos ilustres bardos. Con sus cantos melodiosos le era fácil sacar las almas de los cuerpos y transportarlas a regiones ideales. Un día, la hija menor de la reina de Escocia contrajo una traidora dolencia que nadie pudo curar y la reina mandó buscar a Tomás, el Trovador, para que obtuviese un poco de ungüento mágico del gnomo que habitaba en el corazón de la roca de Alisa.

El poeta se trasladó hasta el pie de dicha roca y entonó delante de ella las más sentidas endechas. A fuerza de cantar, hizo surgir de la roca la cabeza del trasgo; logró más tarde que asomase los hombros, pero en el momento preciso en que iba a conseguir que sacase la mano con el codiciado ungüento, un asno lanzó, a su espalda, tan espantoso rebuzno, que hubo de interrumpir su melodiosa canción y, asustado el gnomo al oírlo, hundióse de nuevo en la roca, llevándose consigo la maravillosa untura.

Ésta es la eterna historia. Siempre que comienza a cantar un poeta, le interrumpe el rebuzno de un asno; y ésta es la causa por la que ningún poeta contemporáneo puede realizar hazañas tan prodigiosas como las que Tomás, el Trovador, llevó a cabo ante la roca de Alisa.

El palomo y la urraca

Jamás debemos decir: "Lo sé, lo sé", cuando alguien nos cuenta algo, porque esto es lo que el palomo silvestre dijo a la urraca.

El palomo silvestre es un pájaro tonto y descuidado, y tiene por nido un revuelto montón de ramas, entrelazadas de cualquier modo en la hendidura de un tronco, donde se estremece de frío en invierno, y durante la helada estación se le puede oír cantar con tono lastimero:

Cuando la tierra en flor esté,
linda glorieta construiré
para servir de albergue a dos.

Pero cuando brotan las hojas nuevas y los campos se engalanan de flores, nuestro palomo se olvida de cuánto frío pasó en invierno y canta alegremente:

Ahora toda la tierra en flor está,
¿quién una hora gastar querrá
de una glorieta en la labor?

Una mañana, sin embargo, la urraca se compadeció de él y empezó a enseñarle cómo se hacia un nido bonito, caliente y cómodo; pero todo el tiempo el tonto pichón, que no sabía una jota del arte de anidar, estuvo diciendo:

—¡Lo sé!, ¡lo sé!, ¡lo sé!

Esto molestó a la urraca, que se enfadó y dijo:

—Pues bien, si ya lo sabes, háztelo tú mismo —y se fue sin terminar la enseñanza.

Por eso el palomo silvestre coloca únicamente unos pocos trozos de rama cuando hace su nido.

La garza, el gato y la zarza

Una vez, en tiempos muy afortunados, aunque ninguno de nosotros ni nadie los haya alcanzado, una garza, un gato y una zarza encontraron por arte mágico una cantidad de oro y compraron con ella una granja.

La garza tomó la paja para sí y pensaba llevarla al día siguiente al mercado, pero por la noche se desató una tormenta y el viento sopló sobre la paja y la arrastró hasta el río que se la llevó en su corriente. Desde entonces la garza está siempre triste a la orilla de los ríos y grita:

—¡Págame mi paja!

El gato segó la avena y la puso en un pajar, pero la tormenta condujo al pajar a todos los ratones necesitados de abrigo, y devoraron todo el grano. Desde entonces el gato se arroja siempre sobre los ratones y ratas que ve y grita:

—¡Págame mi avena!

La zarza recogió el trigo y lo llevó a vender al mercado, desgraciadamente al fiado, y nadie le pagó. Desde entonces se agarra a todos los que pasan por su lado y grita:

—¡Págame mi trigo!

Los animales en las leyendas sudamericanas

El rey de los guanacos
(leyenda calchaquí)

Érase una vez un hombre y su hijo cuya fama, bien merecida por cierto de ser los más diestros cazadores de guanacos y vicuñas, se extendía en toda su patria, la tierra calchaquí. Nadie como ellos manejaba las boleadoras: animal visto, animal perdido. La boleadora zumbaba en el aire para enroscarse en el pescuezo del guanaco. Por ello eran ricos con el producto de sus continuas y fructuosas excursiones.

Un día se les apareció la reina y madre de los guanacos y vicuñas, la Pacha Mama, y les mandó cazar sólo un guanaco macho por día; y les dijo que en adelante, si cumplían su mandato, en compensación, hallarían diariamente un cogote de guanaco repleto de oro en la roca sobre la cual estaban.

Cumplió el mozo la orden de la Pacha Mama. El padre, en cambio, dominado por su afición, siguió cazando cuantos a su paso encontraba.

Cansada la reina de los guanacos de la desobediencia del hombre, para castigarlo hizo que una tarde, mientras padre e hijo iban boleando por los cerros, se extraviara el segundo.

Buscábalo su padre desconsoladamente. Sus amigos le ayudaron rastreando por los vericuetos y hondonadas, pero fue inútil. Sólo respondía a sus llamados la voz de los ecos que repetían sus gritos, como riéndose.

Dieron al fin con él en una quebradita por la cual, entre las flores, corría un hilo de agua fresca y cristalina. Estaba vestido de guanaco de pies a cabeza, y hablaba relinchando.

Como por arte de magia, la Pacha Mama desapareció otra vez, y largo tiempo transcurrió sin que se le volviese a ver; hasta que un día, estando el padre con sus amigos en Cafayate, zona de los valles calchaquíes, bajó del cerro de las Arcas una espesa neblina en cuyo seno, atónitos, vieron pasar, jinete en un bellísimo y enorme guanaco, al hijo del cazador que había concertado con la Pacha Mama no cazar diariamente más de un guanaco macho, y que, por haber cumplido su pacto, ella convirtió en el rey de los guanacos.

El urutaú
(leyenda guaraní)

Sucedió hace muchos siglos. Vivía entonces, establecida no lejos del Iguazú, una poderosa tribu guaraní.

Era Ñeambiú la más hermosa doncella de la región, y tan gentil de trato como exquisita de espíritu, que todos a su alrededor la amaban. Ñeambiú correspondía con idéntica vehemencia el cariño hondo y apasionado de Cuimbae, mocetón gallardo y valiente que el padre de ella, el poderoso cacique guaraní, trajo cautivo al regreso de su última expedición victoriosa contra los tupíes.

Idolatraban sus padres a Ñeambiú, su hija única; apartarla de su lado era arrancarles el corazón; por eso se negaban a consentir en la boda, alegando que Cuimbae pertenecía a la raza de los tupíes, sus más sañudos enemigos. Ñeambiú, para no disgustar a sus padres, ocultaba su pena y lloraba a solas. Una vez, sin embargo, les hizo notar su crueldad hacia ella, a la que llamaban hija del alma y sólo era, ¡ay!, la hija de la desgracia.

Un día Ñeambiú desapareció de la casa de sus padres. Alarmados, corrieron a donde estaba Cuimbae, sospechando que de concierto con él la joven hubiese tomado la extrema determinación de escaparse. Cuimbae ignoraba el suceso y no podía concebir que una muchacha tan discreta y amorosa como Ñeambiú se hubiera fugado de la casa paterna. Pero Cuimbae contó que había tenido la noche anterior un sueño terrible: Una mujer feroz, que representaba la desgracia, se había llevado a Ñeambiú a los montes del Iguazú donde mora entre los cuadrúpedos y las aves, que ni la ofenden ni huyen de su presencia.

Como en los montes habita Caaporá, un monstruo con facha humana que hace desgraciados a quienes por acaso le miran, exclamó el infortunado padre con delirio:

—¡Al Iguazú! ¡A buscar a mi hija! Se la ha llevado Caaporá.

Tras él salió apresurada toda la tribu, repitiendo:

—¡Al Iguazú! ¡A buscar a Ñeambiú, que se la ha llevado Caaporá! ¡A buscar a Ñeambiú!

El clamoreo de los pájaros, los ipecúes, alborotados por la presencia de gente, sacó de su refugio a la fugitiva, y al punto hallóse ésta rodeada por los solícitos enviados del cacique, quienes cariñosamente trataron por todos los medios de persuadirla a regresar junto a sus padres. Ñeambiú no respondía una palabra. Por el exceso de penar sin esperanza había perdido la sensibilidad, y con ella el habla. Muda e impertérrita, volvió las espaldas y se internó de nuevo por entre el monte.

Las amigas de Ñeambiú, que mucho la querían, viendo frustrada la empresa de los fieles del cacique, decidieron ir juntas todas en busca de la joven Ñeambiú. ¿Y si topaban con Caaporá? Mayores serían sin duda los males si no iban, porque el diablo Añanga, que siempre está alerta para, con el menor pretexto, hacer daño, las castigaría terriblemente, por haber dejado de socorrer a la infortunada amiga. Fueron y regresaron desconsoladas, Ñeambiú escuchó sus palabras, dulces y cariñosas, impasible y helada. La desdicha de Ñeambiú parecía irremediable.

Consultóse entonces, como se hacía siempre en tales casos, al adivino de la tribu, Aguará-Payé, un hombre feísimo, y tan sagaz, que bien merecía su nombre, que quiere decir zorro. Iba cerrando la noche, hora la más a propósito para consultar a los oráculos.

Aguará-Payé tomó dos enormes mates, llenos el uno con infusión de yerba caa, y el otro con chicha. Apenas hubo bebido la chicha, empezó a tambalearse y, haciendo visajes espantosos, cayó como muerto. Vuelto en sí Aguará-Payé, dijo:

—Ñeambiú está para siempre insensible y muda; es preciso abandonarla a su destino.

—¡No! ¡No! —contestaron los padres de Ñeambiú—. ¡Antes morir que abandonarla! ¡Al Iguazú! ¡Al Iguazú!

—¡Al Iguazú! —repitieron sus secuaces—. ¡Al Iguazú!

Y allá se encaminaron, comprendiendo todos que Ñeambiú necesitaba un profundo sacudimiento moral. Le anunciaron sucesivamente la muerte de algunas personas de su amistad, la de sus mejores amigas, la de sus padres... Ñeambiú escuchaba muda, impasible, fría. Mudo también seguía Aguará-Payé la triste escena.

—Devuélvele el sentimiento —ordenó el cacique.

Obedeciendo la orden, Aguará-Payé adelantóse pausadamente y dijo con lentitud a Ñeambiú:

—Cuimbae ha muerto...

Estremecióse toda íntegra Ñeambiú. Exhalando continuos lamentos desgarradores, desapareció instantáneamente a los ojos asombrados de los que la rodeaban, quienes, transidos de dolor quedaron convertidos en sauces llorones. Ñeambiú, convertida a su vez en urutaú, eligió la rama más vieja y deshojada de aquellos sauces para llorar eternamente su desventura.

Desde entonces, el urutaú o ave fantasma que vive en el Brasil, Paraguay, Argentina... llora todas las noches. Su voz es un alarido lleno de melancolía, tan alto y vigoroso, que se oye a media legua de distancia, y lo repite con pausas durante la noche entera. Pocos lo han visto en el monte, porque de día se mantiene inmóvil sobre las ramas secas y tronchadas de los árboles donde anida, confundiéndose por su color con ellas, y porque sólo vuela buscando su alimento durante el crepúsculo y a la luz de la luna.

Leyendas del indio con el tigre

Decimos nosotros los indios que el tigre es dueño de la tierra. No hace daño cuando no le ofenden. Si lo quieren como enemigo él sabe descargar su rencor contra sus rivales para matarlos. Entre nosotros es sabido que no hace mal el tigre cuando no le ofenden.

Pero a su enemigo no lo perdona jamás. Basta que sea de la familia para no perdonarlo. Él sabe cuál es su enemigo y cuál no.

Cuando los indios encuentran al tigre, se invitan para matarlo. Luego se van; pero el tigre ya sabe cuál fue el que le deseaba la muerte. Cuando lo encuentra, lo incita a pelear, y es el primero en saltar sobre su oponente. Al que no desea hacerle daño, el tigre lo respeta. Pasa cerca de él peleando.

* * *

Una vez, un indio fue hecho cautivo por los cristianos, y se escapó. Anduvo mucho tiempo solo, perdido en los grandes desiertos. Faltaba casi nada para que muriese de hambre, cuando encontró un tigre; entonces, el pobre hombre creyó ser devorado por el animal. Tembló de miedo. Se arrodilló, dicen, para rogar a Dios y al tigre. Levantando las orejas el felino se puso cerca de él y luego siguió su marcha sin hacerle ningún daño. Unos momentos más tarde, la tiera se perdió de vista. Más allá encontró avestruces. En seguida cazó uno. Entonces, volvió atrás para conducir al indio hasta donde había comida. El hombre estaba muy agotado, apenas podía caminar a causa del hambre, pero sabiendo que el tigre no le haría nada, recobró el ánimo. Aunque se alarmó cuando vio la cara del animal manchada de sangre, curioso, lo siguió. Al llegar a donde se hallaba el avestruz, el indio bebió su sangre. Así escapó de morir de hambre. De esta manera se acompañaron muchísimos días, hasta encontrar gente. Dicen que fue entonces cuando se separaron, y el hombre logró regresar a su tierra gracias a la ayuda del tigre.

El hombre de la luna

Un domingo, muy de mañana, encaminóse un pobre anciano al bosque para cortar leña. Al terminar su tarea hizo un pesado haz, echóselo a los hombros y empezó a caminar fatigosamente hacia su casa. Pero se le apareció un ángel y le dijo:

—¿No sabéis que hoy es domingo en la tierra y que en este día todos los hombres deben descansar?

—El domingo en la tierra o el lunes en el cielo —respondió el anciano—, para mí es lo mismo.

—Entonces —repuso el ángel—, ya que no queréis santificar el domingo en la tierra, viviréis en la luna, y ahí llevaréis el haz hasta el día del juicio.

Y el anciano ascendió hasta la luna, y allí, en las noches serenas de plenilunio, se puede ver una gran sombra como de un hombre que lleva un haz de leña a cuestas.

El pozo de santa Keyne

Cornualles es, de todas las comarcas de Inglaterra, la más rica en folclor y en leyendas. Los nombres de muchísimos santos, hombres y mujeres, que llevaron el Evangelio a los paganos, todavía se conservan en la memoria de los pueblos. Otros están relacionados con pozos sagrados, como lo prueba la leyenda del de santa Keyne.

San Brechán, el antiguo rey de Gales, que edificó la ciudad de Brecknock, tuvo veinticuatro hijos, quince de los cuales fueron elevados a la categoría de santos, como su real progenitor.

Entre ellos descollaba una doncella de resplandeciente hermosura llamada Keyne, que iba de pueblo en pueblo por Inglaterra predicando a los paganos y convirtiéndolos al cristianismo.

Hoy se conserva su nombre en el pueblo de Keynsham, en el condado de Somerset, y en el pozo de santa Keyne, de Cornualles, que está situado cerca del lugar en donde murió la doncella.

Es tradición que, antes de morir, plantó alrededor cuatro árboles, a saber: un sauce, una encina, un olmo y un fresno, bendiciendo el agua. Y gracias a que el pozo fue bendecido por la santa doncella, su agua tiene fama de poseer maravillosas virtudes.

Los recién casados van a beber agua del pozo, y cuando llegan allí disputan por beber uno antes que el otro. Si el esposo logra ser el primero, obtiene desde aquel momento la autoridad sobre su mujer, y si ella lo consigue antes que su marido, es la esposa quien obtiene la autoridad absoluta en todas las cosas.

Las doncellas de Biddenden

Todos los años, el domingo de Pascua se reparte un millar de pasteles entre las personas que han asistido a los divinos oficios en la iglesia de la pintoresca aldea de Biddenden, en el condado de Kent. Hay estampado en cada uno de los pasteles un dibujo tosco y antiguo que representa a dos mujeres unidas por los hombros y las caderas.

Son éstas las doncellas de Biddenden que se llamaron Isabel y María Chulkarst. Nacieron en Biddenden, en 1100, y durante treinta y cuatro años vivieron unidas de la manera que representa dicho dibujo. Cuando murió una de ellas, el dolor de la otra fue inmenso y dijo:

—Juntas vinimos al mundo y juntas hemos de partir.

Y murió seis horas después, dejando a los mayordomos de la iglesia de Biddenden unas ocho hectáreas de tierra laborable, con la condición de que la renta se invirtiera en regalar pasteles a los feligreses todos los domingos de Pascua, en conmemoración de aquel triste acontecimiento.

Historias de la Edad Media

El hijo que cumplió con su obligación

Cierto soldado, dejando en casa a su mujer y a un hijo, emprendió un largo viaje. Sucedió que días después fue hecho prisionero y puesto en un encierro muy riguroso. Con todo, pudo escribir a su esposa, rogándole que hiciera todo lo posible para reunir una suma de dinero que le permitiera rescatarle.

Al recibir la esposa las tristes noticias lloró tanto que, como consecuencia, quedó ciega. Esto produjo una gran turbación en el hijo, por no saber qué hacer en caso tan apurado. Ansiaba volar en socorro de su padre, pero al mismo tiempo no podía sufrir la idea de dejar abandonada a su madre mientras durase su ausencia.

Después de haberlo pensado algún tiempo, se decidió por fin a rescatar a su padre; pero antes de marchar dio todas las disposiciones necesarias para que, durante su ausencia, viviera su madre entre amigos y fuera bien asistida. Luego emprendió el viaje hacia el punto donde se hallaba prisionero su padre, obtuvo su rescate, y de nuevo se halló la familia unida y feliz, pues la madre fue poco a poco recobrando la vista.

Alejandro y el pirata

Durante mucho tiempo un corsario llamado Diomedes recorrió los mares en una galera, atacando a otros navíos, saqueando sus cargamentos y hundiendo los bajeles. Al fin, preso y conducido a la presencia de Alejandro Magno, le preguntó el conquistador cómo se había atrevido a perturbar los mares en la forma que lo había hecho.

—Majestad —repuso el pirata—, decid más bien cómo os atrevéis a perturbar la tierra. Yo no poseo más que una galera, y por lo tanto no puedo hacer gran daño, mientras que vos sois dueño de poderosos ejércitos y lleváis por doquier la desolación y la guerra. Y sin embargo, a mí se me llama pirata y a vos rey y conquistador. Si, trocada la suerte, hubiese logrado yo más éxitos y vos menos, nuestros calificativos estarían invertidos.

Conmovió tanto al poderoso monarca este argumento, que hizo del pirata un príncipe y le dio, además, grandes riquezas con la condición de que dejase de robar y se convirtiese en un hombre honrado.

El triunfo del conquistador

Cierto rey, después de una gran victoria, decidió que se rindiesen al general victorioso tres homenajes. Decretó que se le saludase con clamorosos hurras, que entrase en la capital en un carro triunfal arrastrado por cuatro caballos blancos y que los cautivos siguiesen el carro del triunfador atados de pies y manos.

Al oír esto, el general quedó sumamente complacido; pero, llegado el momento de disfrutar aquellos honores, encontróse con que el rey, para mantenerlo humillado, en medio de su gloria, había dispuesto también tres clases de molestias.

En primer lugar, un esclavo debía acompañarle cabalgando a su lado, recordándole a cada momento que el hombre más pobre y miserable podía haber llegado a la posición que ocupaba él; en segundo lugar, el esclavo le daría un golpe siempre que el pueblo le vitorease, a fin de tener a raya la soberbia del vencedor; y, por último, el pueblo estaba facultado para prorrumpir también, mientras el general gozaba de su triunfo, en las advertencias más severas a fin de recordarle sus flaquezas.

El invitado al festín

Un poderoso monarca dio un gran festín, al cual convidó a todo el mundo. Envió mensajeros por todas las ciudades y aldeas de su reino con el encargo de que invitasen a la gente, prometiéndoles no sólo comida, sino también dinero.

En la ciudad había un hombre robusto y fuerte, aunque el pobre era ciego, y al enterarse de lo que ocurría, empezó a lamentarse a grandes voces de que su desgracia le impidiese aceptar la invitación real. De pronto, como oyó que en la misma ciudad había un cojo doliéndose también de no poder asistir al festín, se le ocurrió una idea.

Habló al cojo, y ambos convinieron en un arreglo, según el cual el ciego llevaría al cojo al festín, y el cojo guiaría al ciego.

Así, el hombre que tenía vista, pero no podía andar, guió al que podía andar, pero no ver; y ambos pudieron asistir a la fiesta real.

Leyendas de las estrellas

Una leyenda californiana

Cuenta una leyenda de los indios de California que el sol, la luna y las estrellas forman una numerosa familia. El sol es el jefe supremo que dicta su voluntad en las celestes regiones; la luna es su mujer y las estrellas sus hijas, a quienes debe devorar para mantenerse, cuando le es posible atraparlas. Por eso, cuando el sol se levanta por la mañana, huyen despavoridas las estrellas, tan pronto como pueden, y no aparecen de nuevo hasta que aquél se mete por la boca occidental de su madriguera, por la que se arrastra hasta llegar al centro de la tierra, donde tiene su cama; pero ésta es tan estrecha que no puede revolverse y necesita salir por el extremo oriental del escondrijo. A esta hora se va a dormir la luna.

Cada mes se aflige esta última cuando su marido devora alguna estrella, y se pinta de negro una parte de su rostro para mostrar su dolor. Poco a poco, sin embargo, vásele consumiendo la pintura hasta que, al cabo de un mes, brilla otra vez su cara en todo su esplendor. Las estrellas son felices con su madre la luna, y celebran su paso entre ellas con cánticos y danzas. Cuando transcurre algún tiempo, vuelven a desaparecer algunas estrellas pequeñas, y la luna se viste nuevamente de luto.

Orión, el gigante del cinturón resplandeciente

Era Orión un gigante que quería a todo trance casarse con Hero, o Merope, hija de Ebopión, rey de Quíos; pero éste, que miraba con malos ojos al pretendiente, a causa de su desmedida estatura, con la esperanza de desembarazarse de su molesta persona accedió al casamiento sólo con la condición de que librase a la isla de Quíos de las fieras que la devastaban. Hízolo así Orión, pero su presunto suegro, negóse a cumplir su promesa y ordenó arrancarle los ojos. Entonces Orión fue guiado por un herrero, a quien llevaba a cuestas, al lugar más a propósito para contemplar cara a cara el sol naciente; y habiendo vuelto a llenarse de luz las vacías cuencas de sus ojos, recobró la vista.

Según una leyenda, Artemisa, celosa de él, lo mató con dos dardos y, según otra, su muerte fue producida por la mordedura de un escorpión que se alzó del suelo para castigarle por jactarse de sus proezas como cazador. Transportado a los cielos brilla aún en el firmamento como una constelación de siete estrellas, como un cinturón reluciente ceñido a la cintura; no lejos de él se ve a su perro Sirio. Hállasele cerca de los pies del Toro, y se le representa a veces, con una maza o una espada en la mano, y provisto de un escudo. Uno de los hechos que se le atribuyen es la construcción de un dique, en la costa de Sicilia, para contener las aguas del mar, y otro, haber construido un palacio para Hefesto, en el interior de la tierra, pues era muy entendido en el trabajo del hierro.

El Can Mayor

Cerca de Orión, entre la Vía Láctea y la Liebre, se encuentra la constelación del Can Mayor de Orión, que tiene una estrella muy brillante, llamada Sirio. La vista de esta estrella servía de aviso y prevención a los egipcios, a la manera que un buen perro guardián de una casa avisa a sus amos la aproximación de cualquier peligro exterior. Su brillante luz indicaba a los egipcios la inminencia de algún acontecimiento funesto.

Cuando veían la estrella por la mañana temprano, sabían que el Nilo no tardaría en salirse de madre; por eso algunos la conocían con el nombre de "Estrella del Nilo". Claro es que, por entonces, no se sabía una palabra acerca de las fuentes de este río, porque nadie las había descubierto.

Muchas veces para indicar lo que era preciso hacer al verlo, pintaban al Can Mayor como un hombre con una cabeza de perro, con una olla entre las manos, una pluma debajo del brazo y con alas en los pies, dejando atrás a un ganso y a una tortuga. Los griegos y los romanos asociaron esta constelación con los rigurosos calores del verano, diciendo que quemaba los campos y mataba a las abejas y en honor suyo dieron a esta época del año el nombre de Canícula, que aún conserva en nuestro días.

Una numerosa familia

Existen cuatro constelaciones en el cielo que constituyen una familia completa. Casiopea es la madre; Cefeo, el padre; Andrómeda, la hija y Perseo, el yerno, que tiene cerca de sí a su alado caballo, Pegaso.

Casiopea cometió la necedad de decir que era más bella que las Nereidas, y las airadas ninfas, en venganza, lograron que Poseidón enviase un monstruo marino a desvastar la Etiopía, o Topa, donde Casiopea habitaba, por haberse casado con Cefeo, rey de este país.

En otro lugar se relata la historia del peligro que corrió Andrómeda de ser devorada por el monstruo y de cómo fue salvada por Perseo.

Casiopea fue representada por los antiguos como una constelación austral de trece estrellas, sentada en su trono, sosteniendo una palma. A su lado se halla Cefeo.

Casiopea, que es el nombre de la constelación, puede ser reconocida fácilmente en el cielo, porque las estrellas que la componen forman una "M", o una "W", según se vea.

La Osa Mayor

Al contemplar este grupo de estrellas que no se pone jamás en el hemisferio Norte, la gente ha creído ver en ellas objetos muy diferentes. Los griegos le llamaban *El carro*; los antiguos galeses *El carro de Arturo*; los norteamericanos *El cazo*; los ingleses *La carreta de Carlos* o *El oso grande*. Hay, en realidad, dos constelaciones que llevan el mismo nombre: *La Osa Mayor* y *La Osa Menor*. Veamos cómo explica la leyenda su situación en el cielo:

Zeus y Calisto tenían un hijo llamado Arcas. Hera, que sentía celos de Calisto, convirtióla en una osa, y su hijo que nada sabía, estuvo a punto de matarla. Entonces Zeus, a fin de sustraerla de los peligros de los cazadores, la convirtió en una constelación.

El reino de los Arcas fue Arcadia, país dichoso donde el rey enseñaba a sus súbditos a roturar el suelo e hilar la lana. Un día mientras cazaba, encontróse con una ninfa de las selvas, la cual estaba consternadísima porque el árbol que le estaba confiado se hallaba en peligro de ser arrastrado por la creciente de un río. Arcas salvó la vida del árbol, desviando la corriente, y se casó con la ninfa, dejando al morir, el reino a sus tres hijos. Cuando murió Arcas, Zeus le convirtió en un oso, como a su madre, y le colocó al lado de ella en el cielo, en forma de constelación.

Las Pléyadas

Estas siete estrellas se hallan íntimamente ligadas con siete hermanas bellísimas, hijas de Atlas, llamadas Electra, Maya, Alción, Taicete, Celeno, Merope y Esterope. Todas ellas se casaron con dioses, excepto Merope, cuya luz no tiene tanto brillo, por haber sido esposa de un mortal, llamado Sísifo, rey de Corinto. La luz de Electra disminuyó también de intensidad a causa del dolor que le causó la caída de Troya, fundada por su hijo Dardano.

La palabra pléyadas viene de una voz griega que significa navegar. A causa también de su asociación con ver, palabra que significa primavera, en el hemisferio Norte son conocidas estas estrellas con el nombre de Virgilias.

Desde los tiempos más remotos, las fiestas y estaciones solían relacionarse con la salida de las Pléyadas.

Cuenta la historia que, en Beocia, el gigante Orión se dedicó a perseguir a las siete hermanas; pero las súplicas de éstas hallaron favorable acogida en el Olimpo y fueron convertidas en palomas, librándose de esta suerte de su persecutor. Ahora están situadas a respetable distancia de él, en las regiones celestes, a espaldas del Toro, y detrás de sus cuernos protectores, que las defienden de los ataques de Orión.

Hércules con su maza

Hércules, el famoso héroe hijo de Zeus, estaba destinado a ser entronizado entre los dioses en el cielo; por eso le asignaron los griegos un puesto de honor, con su maza en mano derecha y una rama de manzano en la izquierda, en memoria de las manzanas de las Hespérides, y arrodillado teniendo a sus pies una lira.

Refiere la leyenda que, hallándose un día Hércules combatiendo con piedras, acabáronsele éstas. Entonces Zeus, viendo el peligro en que su hijo se hallaba, hizo caer un chaparrón de guijarros redondos. Hércules se agachó a recogerlos y arrojándolos a sus enemigos, los derrotó. Por eso se le representa arrodillado.

Muchas son las historias que se cuentan acerca de sus proezas y de su maravillosa fuerza física; pero las más portentosas fueron sus doce trabajos, por los cuales, el oráculo de Delfos le prometió la inmortalidad si los llevaba a feliz término.

Fueron estos trabajos: dar muerte al león de Nemea, a la Hidra de Lerna o serpiente acuática y a las monstruosas aves stinfálidas; capturar a una cierva de Artemisa que tenía las pezuñas de bronce y las alas de oro, matar el jabalí de Erimanto y el toro loco de Creta, robar los caballos de Diomedes, combatir contra Gerión, limpiar los establos de Augías, encadenar al Cerbero, perro guardián del infierno;

apoderarse del cinturón de Hipólita, reina de las amazonas, y apropiarse de las manzanas de oro de las Hespérides.

Quemado por su propia voluntad en una pira, su espíritu fue transportado en una nube al Olimpo, donde se casó con Hebe, diosa de la juventud, obteniendo así la inmortalidad.

Leyendas de la ciudad de México

Leyenda de doña Beatriz

Vivía en la ciudad de México una hermosa joven, doña Beatriz, de tan extraordinaria belleza, que era imposible verla sin quedar rendido a sus encantos.

Contábanse entre sus muchos admiradores la mayor parte de la nobleza mexicana y los más ricos potentados de la Nueva España; pero el corazón de la bella latía frío e indiferente ante los requerimientos y asiduidades de sus tenaces enamorados. Y así pasaba el tiempo; pero como todo tiene un término en la vida, llegó el momento en que el helado corazón de doña Beatriz se incendió en amores.

Ello fue en un fastuoso baile que daba la embajadora de Italia. Allí conoció doña Beatriz a un joven italiano, don Martín Scípoli, de esclarecida y noble estirpe.

La indiferencia de doña Beatriz se fundió como la nieve bajo la caricia de los rayos solares, y la hermosa se sintió poseída por un nuevo sentimiento, en tanto que el joven, por su parte, también se había enamorado profundamente.

Poco tiempo después, don Martín se mostró excesivamente celoso de todos los demás adoradores de doña Beatriz, promoviendo continuas reyertas y desafiándose con aquellos que él suponía pretendían arrebatarle sus amores. Y tan frecuentes eran las querellas que doña Beatriz estaba afligida, y en su corazón comenzó a arraigar el temor de que don Martín sólo se había enamorado de su hermosura, de modo que, cuando ésta se marchitara, moriría el amor que ahora le profesaba.

La preocupación embargó su mente y amargó su vida en forma tal, que decidió tomar una resolución terrible, poniendo a prueba el amor de su galán. Y al efecto, en el deseo de saber si don Martín la quería sólo por su belleza física, un día en que su padre se hallaba de viaje, con un pretexto cualquiera despidió a todos sus criados para quedar sola en la casa.

Encendió el brasero que tenía en su habitación, colocando enfrente una imagen de Santa Lucía, y ante la cual rezó fervorosamente para pedirle le concediera la fuerza y el valor necesario para poner en obra su propósito. Después, atándose a los ojos un pañuelo mojado, se inclinó sobre el brasero y, soplando, avivó el fuego hasta que las llamas rozaron sus mejillas. Luego metió su hermosa cara entre las ascuas.

Terminada esta terrible operación, cubrió su rostro con un tenue velo blanco y mandó llamar a don Martín. Una vez en su presencia, apartó lentamente el velo que le cubría el rostro, mostrándolo desfigurado por el fuego. Solamente brillaban en su esplendor sus hermosos ojos relucientes como las estrellas. Por un momento su amante quedó horrorizado contemplándola. Luego la estrechó en sus brazos amorosamente. La prueba había dado un resultado feliz, y durante todos los años de su dichoso matrimonio, doña Beatriz no volvió a sentir el temor de que don Martín sólo la amara por su hermosura corporal.

La orgullosa señora que dio un salto mortal en las calles de la ciudad

Cuando México se hallaba todavía bajo el dominio de España, residía en la capital un rico comerciante retirado ya de sus negocios, llamado don Mendo Quiroga y Suárez. No obstante su gran fortuna, por todos envidiada, su vida era triste y solitaria y sus tesoros no fueron nunca bastantes, con ser inmensos, para comprarle un amor que endulzara su amarga ancianidad.

Para mitigar sus penas envió a buscar a doña Paz, hija de su difunta hermana, que debía acompañarle en su soledad. La joven era hermosa, vana, egoísta y muy coqueta. Aunque se mostraba extremadamente agradecida y satisfecha por el lujo y comodidades que le prodigaba su tío, no por eso llegó a quererlo, ni se esforzó en hacerle la vida más agradable. Vistiendo trajes de riquísimos encajes y terciopelos, distraía sus ocios paseándose en el coche de su tío, luciendo orgullosamente sus riquezas y hermosura, que bien pronto sedujo a más de cuatro mancebos. Pero doña Paz recibía despectivamente cuantas atenciones le prodigaban sus admiradores, en la certeza de que, al morir su tío, sería ella la mujer más rica de México.

Y así fue, efectivamente, aunque bajo ciertas condiciones que hirieron su orgullo en lo más vivo. En el largo testamento en que don Mendo la llamaba siempre "mi querida sobrina", legábale todas sus propiedades, pero al final del documento se insertó una cláusula que debía cumplirse estrictamente antes de que doña Paz pudiera disponer de un centavo de la cuantiosa herencia.

El testamento decía así:

"Y la condición que ahora impongo a mi querida sobrina, es la siguiente: Ataviada con su mejor traje de baile y luciendo sus joyas más preciadas, se encaminará en coche abierto y en pleno mediodía a la plaza mayor. Allí descenderá del carruaje y se situará en el centro de la plaza, inclinando humildemente al suelo la cabeza, y en esta posición deberá dar un salto mortal. Y es mi voluntad que, si mi querida sobrina Paz no cumple precisamente con esta condición dentro de los seis meses del día en que yo fallezca, no perciba ni un solo centavo de mi herencia. Esta condición la impongo a mi querida sobrina Paz, para que, en la amargura de su vergüenza, considere las angustias que yo sufrí por sus crueldades durante mis últimos años."

Herida tan vivamente en su orgullo por esta imposición testamentaria de su tío, doña Paz se encerró en las habitaciones de su palacio y nada se supo de ella durante los seis primeros meses que transcurrieron desde la muerte de don Mendo. Y el mismo día en que finalizaba el plazo impuesto por el testamento, la gente de la ciudad contempló, llena de asombro, cómo las hermosas puertas de hierro fundido del palacio de don Mendo, girando lentamente sobre sus goznes, abrían paso al majestuoso carruaje, en cuyo interior doña Paz lucía esplendorosamente su más rico traje de baile y sus valiosas alhajas. En la palidez de su rostro, los hermosos ojos, entornados los párpados, miraban con humildad. De este modo la orgullosa mujer marchó a la plaza mayor, luciendo su gentileza y rico atavío por las calles más céntricas de la capital, atestadas de gente. Llegando al término de su viaje, se apeó del coche y, precedida de sus criados, que cuidaron de abrirle paso entre la compacta muchedumbre, avanzó hacia el centro de la plaza, donde los servidores habían colocado una mullida alfombra sobre las baldosas. Allá, en el mismo centro y en presencia de todos, dio el salto mortal que exigía el testamento de su tío.

Doña Paz pudo así entrar en posesión de la enorme fortuna, después de haber humillado su orgullo tan amarga como vergonzosamente.

La mujer herrada

Vivía en la ciudad de México un buen sacerdote, acompañado de su ama de llaves.

Un herrero, el mejor amigo del capellán, desconfiaba instintivamente de la vieja ama de llaves, y así hubo de decírselo al cura, instándole repetidas veces para que la despidiera, aunque el sacerdote no llegó nunca a hacer caso de tales advertencias y consejos.

Una noche, cuando ya el herrero se había acostado, llamaron a su puerta violentamente, y al abrir encontróse con dos indígenas que llevaban una mula. Aquellos hombres rogaron al herrero que pusiera herradura al animal, que pertenecía a su amigo el sacerdote, quien había sido llamado inopinadamente para emprender un viaje.

Satisfizo el herrero el deseo de los desconocidos herrando la mula; y, cuando se alejaban, tuvo ocasión de ver que los indios castigaban cruelmente al animal. Intrigado e inquieto pasó la noche el herrero, y a primera hora del día siguiente se encaminó a casa de su amigo el sacerdote. Largo rato estuvo llamando a la puerta de la casa, sin obtener respuesta, hasta que el capellán fue a franquearle el paso con ojos soñolientos, señal evidente de que acababa de abandonar el lecho en aquel instante.

Enterado por el herrero de lo que sucedió la noche anterior, le manifestó que él no había efectuado viaje alguno ni tampoco dado orden para que fueran a herrar la mula. Después, ya bien despierto, se rio el capellán, muy a su gusto, de la broma de que había sido objeto el herrero.

Ambos amigos fueron al cuarto del ama de llaves, por si ésta se encontraba en antecedentes de lo ocurrido. Llamaron repetidas veces a la puerta y, como nadie les contestara, forzaron la cerradura y entraron en la habitación.

Un vago temor les invadía al franquear el umbral, y una emoción terrible experimentaron al hallarse dentro del cuarto. El espectáculo que se ofreció ante sus ojos era horrible. Sobre la cama ensangrentada, yacía el cadaver del ama de llaves que ostentaba, clavadas en sus pies y manos, las herraduras que el herrero había puesto la noche anterior a la mula.

Los aterrorizados amigos convinieron en que la desdichada mujer había cometido un gran pecado y que los demonios, tomando el aspecto de indios, la habían convertido en mula para castigarla.